ISBN 978-0-259-10029-4
PIBN 10721781

1 MONTH OF
FREE
READING

at
www.ForgottenBooks.com

By purchasing this book you are eligible for one month membership to ForgottenBooks.com, giving you unlimited access to our entire collection of over 700,000 titles via our web site and mobile apps.

To claim your free month visit:
www.forgottenbooks.com/free721781

English
Français
Deutsche
Italiano
Español
Português

www.forgottenbooks.com

Mythology Photography **Fiction**
Fishing Christianity **Art** Cooking
Essays Buddhism Freemasonry
Medicine **Biology** Music **Ancient
Egypt** Evolution Carpentry Physics
Dance Geology **Mathematics** Fitness
Shakespeare **Folklore** Yoga Marketing
Confidence Immortality Biographies
Poetry **Psychology** Witchcraft
Electronics Chemistry History **Law**
Accounting **Philosophy** Anthropology
Alchemy Drama Quantum Mechanics
Atheism Sexual Health **Ancient History**
Entrepreneurship Languages Sport
Paleontology Needlework Islam
Metaphysics Investment Archaeology
Parenting Statistics Criminology
Motivational

SAMMLUNG
FRANZÖSISCHER NEUDRUCKE

HERAUSGEGEBEN

VON

KARL VOLLMÖLLER

1

DE VILLIERS
LE FESTIN DE PIERRE

OU

LE FILS CRIMINEL

NEUE AUSGABE

VON

W. KNÖRICH

HEILBRONN

VERLAG VON GEBR. HENNINGER

1881

EINLEITUNG.

LEBENSNACHRICHTEN VON DE VILLIERS [1]).

Ort, Jahr und Tag der Geburt de Villiers' sind unbekannt, Fournel nimmt an, dass er zwischen 1610 und 1615 geboren ward.

Wie Villiers selbst angiebt [2]), war er *vn des Comediens de la Seule Trouppe Royale, & feule entretenuë par fa Majefté* und eine in Paris bekannte Persönlichkeit. Er spielte nach Parfaict „les Comiques nobles, & les troifiémes rôles Tragiques", ausserdem Stutzer- und Dienerrollen. Als komischer Darsteller scheint er am meisten gefallen zu haben. Die Philipin-Rollen seiner Stücke waren seine Spezialität, denn Tallemant des Réaux u. A. bezeichnen ihn als „Villiers dit Philipin". Als tragischer Schauspieler hat er bekanntlich Molière Anlass gegeben, ihn im Impromptu de Versailles zu persifflieren. Im Jahre 1660 war Villiers nicht blos ein gerngesehener, bekannter Mime, er war auch beliebt als Dichter. Er hatte sich, wenn wir den früher verfassten versifizierten „affiches" [3]) auch keinen Wert und Erfolg beilegen, doch durch sein Festin de Pierre einen grossen Teil des

---

[1]) Nach Frères Parfaict, Hist. du Th. fr. VIII, 264 und Victor Fournel, Cont. de Mol. I, Seite XL und 297 ff.

[2]) Unten Seite 7, Zeile 11 u. 7.

[3]) de Villiers veröffentlichte dieselben im Druck zugleich mit den Ramoneurs; vgl. darüber Frères Parfaict VII, 354; VIII, 255; Fournel, Cur. théâtr. p. 128, 139.

Pariser Publikums zu Dank verpflichtet. Denn nun
konnte Jedermann an der wunderbaren schaudervollen
Tragi-Komödie vom Dom· Juan sich erbauen und be-
lustigen, was bisher nur den der italienischen Sprache
mächtigen verstattet war.

Der Erfolg [4]) dieses ersten seiner dramatischen Werke
ermutigte ihn wohl, demselben bald noch andere folgen
zu lassen.

An dem grossen Streite, in welchem das Hôtel de
Bourgogne (1662—1664) seinen mehr als unbequemen
Rivalen im Palais Royal niederzukämpfen strebte, trat
Villiers als einer der erbittertsten in die Reihen der
Kämpfenden, ward — wie schon berührt — durch Molière's Spott der ewigen Vergessenheit entrückt, verfasste
eine, vielleicht mehrere Schmähschriften gegen den „Peintre"
und ward von dem ihm unzweifelhaft befreundeten Montfleury (junior) im Impromptu de l'Hôtel de Condé unter
seinem Namen als Feind des Verfassers der École des
Femmes auf die Bühne gebracht.

Er zog sich später mit einer Pension von tausend
Livres vom Theater zurück. Wann das geschehen, lässt
sich nur annähernd bestimmen. Nach einer Randbemerkung
Robinet's zu seinem Briefe vom 17. März 1669 [5]) spielte
er am 2· d. M. in Montfleury's damals vielbewunderter
Komödie „La Femme Juge et Partie"; am 6. December
1670 erwähnt ihn derselbe Robinet als in der Zurück-
gezogenheit lebend. Er starb nach La Grange am 23. Mai
1681 zu Chartres. Villiers hinterliess einen Sohn, welcher
gleichfalls Schauspieler war und sich bedeutend aus-
zeichnete.

Von persönlichen Beziehungen des acteur-auteur ist

---

[4]) Der grossartige Erfolg wird nicht nur von den Theater-
schriftstellern des vorigen Jahrhunderts, sondern von de Villiers
selbst gemeldet. In der Vorrede zu l'Apoticaire dévalisé sagt
er zum Leser: Ie fuis fi content de l'approbation que tu as
donné au Feſtin de Pierre, que je t'exposai il y a quelques
mois que . . . .

[5]) Cf. Frères Parfaict Hist. du th. fr. X, 404.

ausser der zu Corneille und Molière nur die Freundschaft zu seinem Kameraden Raymond Poisson bekannt, dessen *Baron de la Crasse* in ihm einen eifrigen Bewunderer fand [6]). Poisson richtete an ihn eine von Lob über- fliessende Epistel [7]), datiert „le vingtième du mois qui fuit le mois d'Aouft". Diese berichtet von einem Verhältnis Villiers' zu einer Dame, welcher er mehr als dreimal das Leben verdankt [8]), welche als schön, sanft, geistreich gerühmt wird. Wer diese reizende Lebensretterin war, vermag ich nicht zu sagen; zu ihrer besonderen Empfehlung mag es nicht dienen, dass gerade Théophile aus der Unter- welt citiert wird, um ihre Vorzüge „avec delicateffe" zu preisen.

Das sind die wenigen Notizen, welche ich über de Villiers' Leben habe zusammentragen können. Sie reichen nicht hin, um über seinen Charakter irgend ein Urteil zu gewinnen. Man hat in den Verleumdungen, welche er in der Vengeance des Marquis gegen Molière schleudert, genügenden Grund zu sehen geglaubt, den- selben zu bemäkeln. Doch dagegen ist zu bemerken, dass besagte Schmähschrift nicht unbestritten sein Werk ist, und dass in einem so erbitterten, aus Brotneid ge- führten Kampfe sehr leicht die Parteien zu Mitteln greifen konnten, welche sie bei ruhigem Blute verabscheuen wür- den, — waren doch er und seine Kameraden auch nicht gerade sehr taktvoll und zart von Molière behandelt worden.

Als Schriftsteller aber können wir ihn beurteilen und zwar in seiner ganzen Armseligkeit. Er war ein

---

[6]) Villiers widmete ihm drei Gedichte: A Monfieur Poiffon fur fa comedie du Baron de la Craffe, Au Baron de la Craffe, A Catin.

[7]) Les Œuvres de Monfieur Poiffon. A la Haye. 1680, am Schluss der „Diverfes Poëfies". Das Jahr der Abfassung ist nicht genannt.

[8]) Viens paffer icy les hyvers
Et celle à qui tu dois plus de trois fois la vie,
Sera fans doute bien ravie.

guter Schauspieler, aber kein Dichter, besonders kein
Komödiendichter. Seine Stücke sind nur Possen. Sie
ermangeln in der Erfindung und Anlage fast alle der Selb-
ständigkeit, erheben sich weder in der Führung des Dialogs,
noch durch Feinheit des Ausdrucks irgendwie über das
Mittelmässigste. Und trotzdem hat er grossen Erfolg gehabt, besonders mit seinem Feſtin de Pierre.

DE VILLIERS' WERKE.

Der Werke de Villiers' sind nur wenige und dennoch
ist es nicht leicht, ein Verzeichnis derselben aufzustellen.
Soviel ich weiss, ist seine Autorschaft von Niemandem
bezweifelt worden bei folgenden:

1) Affiches.
2) Le Feſtin de Pierre ou le Fils criminel, Tragi-
   comédie etc. 1659.
3) L'Apoticaire dévalisé, Comédie en vers, un acte.
   1660.
4) Les Ramoneurs, Comédie en vers, un acte. 1662.
5) Den drei in Anmerkung 6 bezeichneten Gedichten.
6) Les Trois Viſages, Comédie en vers, un Acte [9]).
7) Les fragments burlesques.

Ohne Zweifel gehört ihm:

8) Les Coſteaux, ou les Marquis friands, Comédie
   en vers, un acte, 1665.

obgleich die Bibliothèque des Theatres (Paris 1733) von
Maupoint es ihm rundweg abspricht und als Comédie de
M. Z . . . . . bezeichnet. Auf welche Autorität hin Fournel

---

[9]) Die Frères Parfaict widmen diesem Werke keinen eigenen
Artikel, ich habe auch sonst nichts darüber erfahren können.
Die Bibl. des Théâtres (1733) und die Anecdotes dramatiques
(1775) legen es in das Jahr 1664, Parfaict (1746) und de Mouhy
(1752) in das Jahr 1665. De Mouhy sagt, es sei 1665 gedruckt
worden, selten und wenig bekannt, Fournel hält es für wahrscheinlich ungedruckt.

behauptet, man habe es de Visé zugeschrieben, weiss ich nicht, die Frères Parfaict, de Mouhy und die Anecdotes dramatiques (Paris 1775) sind einstimmig für de Villiers. Wer dieser Monsieur Z . . . . . sein könnte, ist mir unerfindlich.

Bald de Villiers, bald de Visé zugeschrieben werden folgende vier Werke:

1) Nouvelles nouvelles, 1663.
2) Zélinde [10]), ou la Véritable Critique de l'École des femmes et la Critique de la critique. Ein Akt. Prosa. 1663.
3) Réponse à l'Impromptu de Versailles ou la Vengeance des Marquis.
4) Lettre sur les affaires du théâtre.

Die beiden ersten erschienen separat, anonym, die beiden letzteren ebenfalls anonym in den *Diversitez galantes*, welche ausserdem noch enthalten: Les Soirées des auberges, Nouvelle comique und l'Apoticaire de qualité, Nouvelle galante et veritable [11]).

Die vielen Untersuchungen und Behauptungen eingehend zu berichten, ist hier nicht der Ort, auch würde eine nur einigermassen ausführliche Darstellung die Oekonomie dieser Publikation weit überschreiten. Ich begnüge mich mit einer, wie ich hoffe, vollständigen tabellarischen Uebersicht:

---

[10]) Neuerdings herausgegeben von Fritsche, Molière-Museum Heft III.
[11]) Die letztgenannte Novelle ist auch apart erschienen. Paris, chez Pierre Gaillard, à la Seringue (!) 1666, wahrscheinlich wegen des pikanten Inhalts.

	Nouvelles nouvelles	Zélinde	Vengeance des Marquis	Lettre sur les aff.
Bibliothèque des Théâtres	.	Anonym	Anonym	
Frères Parfaict, Hist. du th. fr. IX, 172, 214, 217, 233. X, 174.	de Visé	de Visé	de Villiers	de Visé
De Mouhy, Tablettes dramatiques		de Visé	de Villiers	
Anecdotes dramatiques		(attribuée à) de Visé	de Villiers	
Auger, Œuvres de Molière III. 164, 248 ff.	de Visé	de Villiers	de Villiers	de Villiers
Taschereau, Hist. d. l. vie et des œuvres d. Molière. 2. Ausg. 1828.		de Visé	de Villiers[12]	
Victor Fournel, Nouv. biogr. gén. 1861. B. XXXV, 856, 858.		de Visé	de Villiers	
Derselbe, Cont. de Mol. I, 301.	de Villiers	de Villiers	de Villiers	de Villiers[13]
Moland, Œuvres de Mol. a. a. O. VII, 468 f.	de Visé gemeinsam mit de Villiers	de Villiers	de Villiers	de Villiers
Despois[14], Œuvres de Molière III, 112, 126, 146.	de Visé	de Visé	de Visé[15]	de Visé
Schweitzer, Mol.-Museum I, LXVII. Fournel folgend.	de Villiers	de Villiers	de Villiers	de Villiers
Mahrenholtz, Zeitschr. für nfr. Spr. u. Litt. II, 15 ff.	de Visé	de Visé	de Villiers	de Visé
Fritsche, Molière-Museum III, 21 f.	de Visé	de Visé und de Villiers gemeinsam		de Visé

[12]) Später hat Taschereau die Zélinde, Vengeance und Lettre de Visé zugeschrieben, cf. Moland, Œuvres de Molière VII, 469, Alinea 1.

[13]) Fournel nimmt aber die Mitarbeiterschaft de Visé's an, besonders für Nouv. nouv.

[14]) Ihm folgt Mangold, Zeitschr. für neufr. Spr. u. Litt. I, 186.

[15]) Für die Vengeance hält Despois die Mitarbeiterschaft de Villiers' für wahrscheinlich.

So scharfsinnig und fein die neueren Hypothesen sind, mich haben sie doch nicht davon überzeugt, dass die fraglichen vier Werke denselben Verfasser haben. Erstens scheint mir nicht richtig, die Autorität der Frères Parfaict so niedrig anzuschlagen, wie es Despois thut und wie es jetzt Mode zu sein scheint. Sie geben im IX. Bande ihrer Hist. du théâtre français eine recht detaillirte Geschichte des bekannten Theaterstreites, zeigen sich in Beziehung auf Persönlichkeiten völlig informiert, bekunden eine so vollkommene Kenntnis sämmtlicher Streitschriften, dass sie mir recht wohl Glauben zu verdienen scheinen. Ihre Ansicht hat den Mangel, dass sie den bekannten Stellen aus der „Lettre sur les affaires du théâtre" widerspricht. Aber die Ansichten Auger's etc. bergen auch einen unversöhnten Widerspruch, auf welchen Mahrenholtz [16]) neuerdings energisch hingewiesen hat. Mit Recht hält er es für unmöglich, dass ein Autor, welcher sich in der Zélinde so hoch erhoben hat, in der Vengeance des Marquis wieder so tief sinken kann. Fournel und Despois haben durch die Annahme einer teilweise gemeinsamen Arbeit der beiden in Rede stehenden Autoren diesen Widerspruch beseitigen wollen, aber nur leicht verdeckt [17]). Denn was berechtigt sie zu solcher Annahme? Wir wissen, dass La Fontaine mit Champmeflé, Corneille de l'Ifle, wie er sich zu nennen liebte, mit de Visé gemeinsam für die Belustigung des Publikums gearbeitet haben;

---

[16]) Zeitschrift für neufranz. Sprache und Literatur herausgegeben von Körting und Koschwitz, II, 15—22.

[17]) Fritsche behauptet sogar von einer bestimmten Stelle der Zélinde, dass sie auf de Villiers' Mitarbeiterschaft zurückzuführen sei, bringt aber keine Beweisgründe. Die Gleichheit der Anfangsbuchstaben (M. D. V.) in M. de Villiers und M. de Visé habe ich im Text absichtlich unerwähnt gelassen, obwohl Fournel und Fritsche lange dabei verweilen in der Meinung, dass die Frage nach der Autorschaft der betreffenden vier Werke dadurch verwirrt werde. Ich habe von diesem verwirrenden Einflusse derselben nichts bemerkt, da alle vier Werke anonym erschienen sind und, so viel ich weiss, auch nicht die Buchstaben M. D. V. tragen.

von de Visé und de Villiers ist ein Gleiches nicht überliefert. Mir scheint, dass die alte von Parfaict über-
lieferte, von Mahrenholtz verteidigte Ansicht am meisten
Wahrscheinlichkeit für sich hat.

Wahrscheinlich nicht von de Villiers, sondern von
de Visé verfasst ist: La veuve à la mode, comédie, un
acte, vers 1667 (Palais Royal). Die Bibliothèque des
théâtres schreibt sie de Villiers zu, Parfaict, de Mouhy
dem de Visé, die Anecd. dram. lassen es unbestimmt.

Schliesslich habe ich zu erwähnen, dass die Bibl.
des théâtres ein poetisches Werk von de Villiers nennt,
„Le Portrait d'une inconnue", von dem ich sonst nichts
in Erfahrung gebracht habe.

DAS FESTIN DE PIERRE OU LE FILS CRIMINEL
DE VILLIERS' [18]).

Im Jahre 1657 oder 1658 führte die italienische
Truppe in Paris die Harlekinade (commedia dell' arte)
„Il Convitato di pietra" auf und errang einen unerhörten
Erfolg.

Im Winter 1658 ward Dorimond's Tragi-comédie
„Le Festin de Pierre ou le Fils criminel" [19]) zu Lyon
gespielt und ebenfalls mit grossem Beifall aufgenommen.
Nicht lange darauf, zu Anfang des Jahres 1659 [20]), ward

---

[18]) Für die gesammte Don Juan-Literatur verweise ich auf:
Castile-Blaze, Molière musicien, Bd. I, p. 189—339.
Despois-Mesnard, Œuvres de Molière, Bd. V.
Mahrenholtz, Molière's Don Juan nach historischen Gesichts-
punkten erläutert, Molière-Museum II, 16—34, III, 69—79.
Herrig's Archiv LXIII, 1—12 und 177—186.
[19]) Siehe den von mir besorgten Neudruck desselben, Molière-
Museum II. Heft.
[20]) Cf. Frères Parfaict, Hist. du th. fr. IX, 3; Despois-
Mesnard, Œuvres de Molière V, 16 und Herrig's Archiv LXIV,
428 f. Mahrenholtz spricht an dem zuletzt bez. Orte die Ver-
mutung aus, dass diese Ausgabe, wenn sie überhaupt existiert,
anonym erschienen sei. Ihre Existenz scheint mir zweifellos,
die bibliographische Angabe könnte sonst nicht so genau

das Stück in derselben Stadt gedruckt, die Erlaubnis zum Druck ist datiert vom 11. Januar 1659. Der Ruf von Dorimond's Fils criminel drang bis Paris, wenigstens nimmt man an, dass Villiers von ihm spricht, wenn er ·(S. 4, 24 f.) sagt: *Les Français à la Campagne*, & les Italiens à Paris, *qui en ont fait tant de bruit.*

Im Jahre 1659 bereicherte de Villiers das Répertoire des Hôtel de Bourgogne mit seinem „Festin de Pierre ou le Fils criminel". Er hatte sein Werk, wie er selbst sagt (3, 15 und 7, 12), auf Wunsch seiner Kameraden verfasst, um zu versuchen, ob Dom Juan ihrer Kasse einen eben so reichlichen Gewinn brächte, wie den Italienern.

Ueber das Datum der ersten Aufführung ist nichts Genaues bekannt, die Frères Parfaict scheinen sie in das erste Drittel des Jahres zu legen. Sie besprechen das Stück nach Corneille's Œdipe (24. Januar 1659) und vor Boyer's Clotilde (April).

De Villiers bemerkt ausdrücklich auf dem Titel, dass er das Stück aus dem Italienischen in das Französische übersetzt hat, in dem Brief an Corneille (4, 24) bezeichnet er Dorimond's Werk und die italienische Harlekinade mit „imparfait original" und sagt, dass seine „Copie" beide weit übertreffe. Welches italienische Drama er kopiert hat, wer der Verfasser desselben ist, berichtet er nicht. Wir wissen von zwei älteren die Don Juan-Sage behandelnden italienischen Stücken:

1) Il Convitato di pietra, opera esemplare, del signor Giacinto Andrea Cicognini [21]. Der Verfasser ist wahrscheinlich 1650 [22]) gestorben.

und bestimmt sein. Auch ist zu beachten, dass Despois-Mesnard die Angabe der Frères Parfaict vervollständigen, indem sie ausser dem Druckort auch den Verleger nennen, was wohl ohne das betreffende Buch in Händen zu haben, nicht möglich ist.

[21]) Ueber Drucke etc. cf. Despois-Mesnard, Œuvres de Molière V, 21.

[22]) Cf. Klein, Geschichte des Dramas V, 717.

2) Il Convitato di pietra, von Onofrio Giliberto, Neapel 1652.

Das zuerst genannte Werk ist erhalten, kann aber, wie die Vergleichung lehrt, weder Dorimond's noch Villiers' Vorbild gewesen sein. Das andere ist verloren gegangen, wenigstens bis jetzt nicht aufgefunden, und das ist um so bedauernswerter, als gerade dieses einstimmig und zweifellos mit Recht für die Vorlage der beiden französischen Bearbeiter gehalten wird [23]). Wäre dem nicht so, dann müsste man entweder eine dritte italienische Komödie gleichen Inhalts annehmen, von der aber Niemand etwas berichtet, oder Villiers des abscheulichsten Plagiats an Dorimond beschuldigen. Auch dieses ist ausgeschlossen, jedenfalls hätte sich zwischen beiden eine Fehde entsponnen, von welcher die redseligen Gazettiers gewiss eine Kunde uns überliefert bätten. Es ist daher als ausgemacht anzusehen, dass wir in dem hier wieder veröffentlichten Feftin de Pierre eine getreue Uebersetzung von Giliberto's Stück besitzen. Ob Villiers „wortgetreu" übersetzt hat, oder ob er Aenderungen irgend welcher Art sich erlaubt hat, lässt sich nicht feststellen, doch scheint mir das Letztere wahrscheinlich, da er von „le peu d'invention que i'y ay apportée" spricht. Von Giliberto's Werke wissen wir nur noch, dass es in Prosa geschrieben war [24]). Wenn seine französischen Bearbeiter für ihre Elaborate die gebundene Rede wählten, so huldigten sie nur dem Geschmacke ihrer Zeit und ihres Volkes.

Das Verhältnis Villiers' zu Dorimond ist verschieden beurteilt worden. Castile-Blaze [25]) nennt de Villiers geradezu „plagiaire", freilich ohne sein Urteil zu be-

---

[23]) Ueber das Verhältnis der Harlekinade zu Cicognini siehe die vortreffliche Untersuchung bei Despois-Mesnard, Œuvres de Mol. V, 25 ff.

[24]) Cf. Despois-Mesnard, Œuvres de Mol. V, 20, Alinea 4.

[25]) Molière musicien I, 191.

gründen. Mesnard dagegen hält aus äusseren Gründen die Möglichkeit des Plagiats für ausgeschlossen trotz der Uebereinstimmung des Inhalts, vieler Verse und Reime [26]).

Ehe wir eine Entscheidung der Frage versuchen, ist es unbedingt nötig zu erwägen, ob Villiers das Werk seines Vorgängers überhaupt benutzen, ob er es schon gedruckt in Händen haben konnte. Selbst wenn wir Parfaict's ungenauer Andeutung folgend die erste Aufführung im Hôtel de Bourgogne Ende März etwa annehmen, scheint mir die Möglichkeit durchaus nicht ausgeschlossen zu sein: Dorimond konnte seinen Druck Ende Januar vollendet haben; derselbe konnte in den ersten Wochen des Februar sicher in Villiers' Händen sein; dieser konnte seinerseits in den ersten Tagen des März seine Arbeit vollendet haben; die Grands Comédiens endlich konnten die Aufführung noch im März bewerkstelligen, zumal sie sich grossen Gewinn versprachen und die Vorbereitungen beschleunigten. So, oder ungefähr so, konnten die Fakten auf einander folgen. Wahrscheinlich gemacht wird diese Annahme durch die Vergleichung beider Stücke, welche in den ersten Partien eine Uebereinstimmung constatiert, die ich nicht als eine zufällige, aus der Beschaffenheit der gemeinsamen Vorlage hervorgehende ansehen kann. Mir scheint es sicher, dass Villiers Dorimond's Werk in Händen gehabt und sich damit die Arbeit so lange erleichtert hat, wie auch dieser Giliberto folgt, wo er sich aber vom Italiener frei macht, hört auch die Uebereinstimmung mit Villiers auf. Zum Beweise lasse ich die Stellen aus Dorimond hier folgen, mit welchen Villiers übereinstimmt:

Zu Vers 149   vgl.: Qu'un Amant méprifé — fçait prendre avec raifou.

„   „   157 f.   „   den Reim: ses Loix — les Roys.

„   „   161 f.   „   den Reim: un amour violent — que le galant.

---

[26]) V, 18 oben: un tel pillage eût fait scandale; et l'assertion de Villiers qu'il s'était attaché de plus près au modèle italien, eût mis le comble à l'effronterie etc.

Zu Vers 163 f. vgl.: Amarille me plaiſt, mais dedans ma pourſuite — Je ſçauray ménager une adroite conduite.

„ „ 199 f. „ Et que ſouvent l'honneur et la vertu du Pere — Ne ſont pas de l'enfant un bien hereditaire.

„ „ 237 f. „ un Pere malheureux — mes vœux.

„ „ 261 f. „ ſaiſon — la raiſon.

„ „ 265 f. „ ces paſſions — les belles actions.

„ „ 267 f. „ l'envie — regler ma vie.

„ „ 271 f. „ Voſtre bizarre humeur a mon ame ſurpriſe, — Que peut-on voir en moy que l'âge n'authoriſe.

„ „ 281 f. „ à tous les gens d'honneur — valeur.

„ „ 295 f. „ vos froides réveries — elles ſont ſuivies.

„ „ 297 f. „ a d'incommoditez — vos importunitez.

„ „ 303 f. „ de mes jeunes années — mes paſſions bornées.

„ „ 305 f. „ plaiſirs — deſirs.

„ „ 307 f. „ connoiſtre — Maiſtre.

„ „ 325 f. „ ſein — inhumain.

„ „ 339 f. „ Cet abandonnement eſt ce que je deſire. — Tu me rends malheureux, mais ton ſort ſera pire.

„ „ 351 f. „ inſolence — Ah! Ciel prens ma deffense.

„ „ 397 f. „ Dom Philippe eſt mutin, Amarille a des gens — Qui pour me bien frotter ſe rendront diligens;

„ „ 399 f. „ mon Maiſtre — traiſtre.

„ „ 407 f. „ ma fille — famille.

„ „ 487 f. „ Le pourſuivant de prés jusques dedans la ruë, — Mais laiſſé de nos gens, cet aſſaſſin le tuë.

„ „ 1271 f. „ Clodine la boiteuſe, et Catin la camuſe — Qui ſe laiſſa duper comme une pauvre buſe.

Ich denke, zufällig kann man diese Uebereinstimmungen nicht nennen, sie genügen wohl als Beweis für die Abhängigkeit Villiers' von Dorimond.

Ob die kurze Frist, welche ich dem Verfasser für die Herstellung seiner fünfaktigen versifizierten Tragi-Komödie zugemessen habe, genügen konnte, das ist eine Frage, die ich durchaus bejahe. Seine Arbeit war eine lediglich mechanische, besonders da er sich begnügte, den italienischen Text „en des Vers tels quels" zu übertragen, auf künstlerische Behandlung aber völlig Verzicht leistete. Ferner war er, wie Poisson in der oben erwähnten Epistel rühmend hervorhebt, ein so schnell arbeitender Versemacher, dass er mühelos zweitausend in einem Atem anfertigte [27]). Aehnlich schnell fabrizierte ja auch Alexandre Hardy, dem zwei bis drei Tage für eine fünfaktige Tragödie genügten und von dem Théophile de Viau erzählt, er verstände

composer des vers
Trois milliers tout d'vne haleyne [28]).

Was die alten Drucke betrifft, so erlaube ich mir dafür die betreffende Stelle aus der Bibliographie moliéresque mitzuteilen. Daselbst heisst es unter Nr. 550:

Le Festin de Pierre, ou le Fils criminel, tragi-comédie (cinq actes, en vers), trad. de l'ital. en fr. par le sieur de Villiers. *Paris, Jean Ribou*, 1665, in-12.

Le privilège est du 12 avril 1661. L'éditeur des Œuvres de Mol., édition in-4 de 1734, a fait une étrange confusion, en supposant que cette comédie avait été écrite en prose par Mol. lui-même, et que Villiers l'avait mise en vers. La pièce de Villiers est la seconde qui ait été appropriée à la scène française, où le sujet du *Festin de pierre* avait été déjà traité par Dorimond: elle fut

---

[27]) puifque tu fais fans peine,
Deux mille vers tout d'une haleine.

[28]) Lotheissen, Geschichte der franz. Literatur im 17. Jahrhundert I, 300.

représentée, en 1659, sur le théâtre de l'hôtel de Bourgogne, et son succès eut un tel éclat, que les autres
théâtres voulurent avoir chacun leur *Feſtin de pierre*
ce qui décida Mol. à composer son *Don Juan.* La
prem. éd. de la tragi-comédie du sieur de Villiers fut
imprimée par les Elzeviers, *Amst.* 1660, pet. in-12 de
4 ff. et 74 pp. Elle est précédée d'une *Épître à m.
de Corneille à ses heures perdues.* Il y a une édition
de *Paris, Charles de Sercy,* 1660 in-12.

Wir drucken die Amsterdamer Ausgabe ab, die an-
deren Ausgaben zu vergleichen waren wir nicht in der
Lage, so erwünscht es gewesen wäre. Die wenigen von
den Frères Parfaict mitgeteilten Stellen zeigen einige Ab-
weichungen, doch so unwesentliche, dass sie wohl nur
durch ungenaues Kopieren entstanden sind. Wir lassen sie
daher ausser Acht.

Zum Schluss möge hier noch eine Andeutung über
den Wert der Komödie de Villiers' ihre Stelle finden
und zugleich als Motivierung dieses Neudrucks dienen.

Wer von der Lektüre derselben Genuss erwartet,
wird sich schwer enttäuscht finden, viel mehr als bei
Dorimond's Arbeit. Die Anlage ist schwach, der Dialog
langweilig und fade, die Sprache breit und unnatürlich,
die Verse holprig, fehlerhaft [29]) und überreich an „ché-
villes". Und doch hat das Stück einen hohen Wert
besonders für die Litteraturgeschichte, aber auch der
Sprachforscher wird in ihm eine reiche Ausbeute finden.
Dorimond hat den Ruhm, das erste nationale französische
Don Juan-Drama geschaffen zu haben, das Verdienst

---

[29]) Ich glaube, man könnte sämmtliche metrische Fehler,
die ein dichtender Franzose zu machen die Möglichkeit hat, in
diesem Stücke finden. Ist doch Vers 1208 ein unverbesserlicher
Vierzehnsilber und hat sich der Autor Vers 698 f. mit Assonanz
statt des Reimes begnügt (Tigre—Tybre)! Das Letztere kommt
wohl auch sonst vor, vgl. Fournel, Cont. de Mol. II, 71 ab-
sorbe—robe.

de Villiers ist bescheidener, er hat uns nur eine getreue Uebersetzung des Giliberto'schen Stückes überliefert, aber darin gerade liegt der Wert für uns. Giliberto's Original ist verloren, durch de Villiers ist uns das unentbehrliche Glied der langen Kette von Don Juan-Dichtungen wiedergegeben, der Kette, welche nie alternde, in ewiger Schönheit strahlende Kunstwerke aufweist, wie das des Franzosen Molière und das des Deutschen Mozart.

Ueber das bei diesem Neudruck des Feſtin de Pierre eingeschlagene Verfahren habe ich nur wenig zu bemerken. Mein Hauptstreben war darauf gerichtet, den Text möglichst korrekt wiederzugeben. Die alte Orthographie und Interpunktion sind durchaus beibehalten, nur offenbare Druckfehler sind verbessert und unter dem Text angemerkt worden. Die Einrichtung der Originalausgabe ist nach Möglichkeit zur Anschauung gebracht. Die Widmungsepistel an Corneille, die Vorrede an den Leser und das Personenverzeichniss füllen die ersten vier nicht paginierten Blätter. Die Seiten des Textes sind fortlaufend von 1 bis 74 gezählt. Diese Seitenzahlen sind im Neudruck an der linken Seite des Textes, in Klammern gesetzt, angegeben. Die Verszählung ist neu. — In der biographisch-litterarischen Einleitung habe ich gesucht, in möglichster Vollständigkeit und Kürze die Nachrichten und Urteile über den Autor und seine Werke zusammenzutragen.

Das von mir benutzte Exemplar des Originaldruckes gehört der an seltenen Schätzen so reichen königl. öffentlichen Bibliothek zu Dresden an.

Oldenburg.

Dr. phil. **Wilhelm Knörich.**

Berichtigung.

Vers 475 lies par statt pas.
„ 685 „ inſenſez statt inſſenez.
„ 1031 „ infatiable statt infataible.

LE FESTIN
DE PIERRE,

OU

LE FILS CRIMINEL.

TRAGI-COMEDIE.

Traduit de l'Italien en François,

PAR

LE SIEUR DE VILLIERS.

Imprimé à AMSTERDAM,

MDCLX.

A

MONSIEUR

DE

CORNEILLE.

A ſes Heures perduës.

Monsieur,

Si vous jugez de moy comme vous deuez, vous ne croirez iamais que ie me puiſſe perſuader qu'il y ait rien de bon gouſt dans ce Feſtin; ce n'eſt point du tout dans cette creance que ie vous dedie cette Piece, c'eſt vn hom-mage que ie vous dois, & que ie vous rends, non pas 5 *en qualité de voſtre Confrere en Apollon, comme vous auez voulu dire par raillerie; mais en celle d'vn Rimailleur, qui ne deuoit rien mettre au Theatre ſans voſtre aueu. Je ſçay bien que j'aurois beaucoup mieux fait de ſup-primer cet Ouurage, que de luy faire ſouffrir la Preſſe;* 10 *puis que ſi par exemple on void des Héros de Romant meriter la corde pour leurs ſubtilitez, celuy de cette Piece merite le feu, qui le foudroye pour l'expiation de ſes crimes. Je l'auois caché quelque temps, ſans vouloir per-mettre qu'il les fit paroiſtre en public; Mais enfin mes* 15 *Compagnons aſſez mediocrement ſoigneux de ſa reputation, l'ont ſouhaitté de moy, dans l'opinion qu'ils ont euë que le nombre des Ignorans ſurpaſſant de beaucoup celuy de ceux qui ſe connoiſſent aux Ouurages de Theatre, s'attache-roient plutoſt à la figure de Dom Pierre et à celle de ſon* 20 *Cheual, qu'aux Vers, ny qu'à la conduite. En effet, ſi ie pouuois vous donner ces deux Pieces, ie croirois vous auoir donné quelque choſe: C'eſt aſſeurement ce qui a paru*

1 *

de plus beau dans noſtre Repreſentation.   Les François
25 à la Campagne, & les Italiens à Paris, qui en ont fait
tant de bruit, n'en ont iamais fait voir qu'vn imparfait
Original, que noſtre Copie ſurpaſſe infiniment: Quoy qu'il
en ſoit, ie vous offre tout ce qui a pû contenter le Public,
que ie n'ay pas fait; & tout ce qui l'a pû choquer, qui
30 vient de moy; Je vous ſupplie tres-humblement de l'agréer,
comme s'il valoit la peine que vous y jetaſſiez les yeux.
Si tous ceux qui m'ont precedé en ce genre d'écrire
auoient eu la meſme reconnoiſſance, & qu'ils vous euſſent
demandé auec autant d'affection que ie le fais, que vous
35 euſſiez eu la bonté de leur en marquer les deffauts, nous
ne verrions pas tant d'Ouurages qui ne meritent pas
plus vostre approbation que celuy cy; & noſtre Trouppe
n'auroit pas eſté reduite à faire paroistre vn Homme &
vn Cheual, faute de quelque choſe de meilleur.   Vous me
40 direz, ſans doute, que connoiſſant comme ie fais le peu
d'ordre qu'il y a dans ce Sujet, ſon irregularité, & le
peu d'invention que i'y ay apportée, ie deuois me contenter d'en auoir fait remarquer les deffauts dans la Repreſentation, ſans l'exposer imprudemment à la lecture.
45 Je n'ay autre choſe à répondre à cette raiſonnable ob-
jection, ſinon que le Libraire me l'eſt venu demander chez
moy, & qu'apres l'auoir veu representer, il veut voir s'il
en pourra tromper quelques particuliers, comme nous en
auons abuſé le Public.   Peut eſtre en debitera-t'il quelqu'vn,
50 ſi ſa bonne fortune le veut, par cette raiſon, habent ſua
fata libelli; Il mettra du moins mon extrauagance au
iour à bon marché, puis qu'il ne luy en couſtera pas vn
ſol: Il eſt vray que ie n'avois qu'à ne me laisser pas
perſuader pour m'épargner cette confuſion; mais il eſt
55 encore plus vrai que d'autres l'euſſent fait ſans m'en de-
mãder congé, & qu'apres tout ie ſuis de ceux qui pouſſent
vne faute juſqu'au bout, quand vne fois ils ont eſté capables de la faire.   Apres cette declaration n'attendez
plus que ie taſche à la juſtifier; tant s'en faut je veux

36 Ouurages] Ouurage.

dire à prefent, que ie fens quelque auantage à la faire
connoiftre, puis qu'elle fert au deffein que i'ay projetté,
& voicy la veritable caufe de cette petite demangeaifon;
C'eft que d'abord que l'on entonnera dans le Palais, Voila
le Feftin de Pierre, ou le Fils Criminel, mille perfonnes
qui ne voudroient pas faire vn pas pour prendre part à
ce Feftin dans l'Hoftel de Bourgogne, en attendant leur
Rapporteur ou leur Aduocat, verront au moins à l'ou-
uerture de ce Liuret, de quelle façon ie vous honore,
& qu'en vous feul ie reuere plus qu'Aristote, plus que
Seneque, plus que Sophocle, plus qu'Euripide, plus que
Terence, plus qu'Horace, plus que Plaute, & generalement
plus que tous ceux qui fe font meflez de donner des regles
à noftre Theatre. Pour moy ie puis me vanter que mon
Ouurage ne tient rien d'eux, & que fi i'eftois capable
d'en adjoufter quelqu'autre à celui cy, ie voudrois qu'il
tint tout de vous. Cette façon de vous loüer eft jufte
& veritable, autant qu'elle eft éloignée de celle de nos faifeurs
d'Epiftres Dedicatoires, qui font faire hauts faits d'Armes
& gagner des Batailles à des gens qui n'ont iamais veu
leur Efpée hors du fourreau; qui pour la naiffance les
font fortir de la Cofte de S. Louis, & vne infinité d'autres
bagatelles, qui ne fortiroient iamais du bout de leur plume,
s'ils n'en efperoient autre chofe que ce que i'attens de
mon Libraire. Je fçay bien faire la diference d'vn Autheur qui loüe auec justice & fçauamment, à ceux qui
hazardent leur reputation pour voir feulement fur du
papier leurs noms écrits en lettres d'or; & comme toute
l'Europe connoift le fameux & l'illuftre Nom de Corneille,
fi toute l'Europe lifoit cecy, elle verroit bien que c'eft de
luy de qui ie veux parler: Oüy, fçauant & inimitable
Maiftre de l'Art, c'eft de vous de qui ie parle, & pour
qui i'ofe dire qu'il me refte encor vn petit fcrupule; C'eft
qu'il ny a gueres d'apparence de demander la protection
d'vn mefchant & d'vn parricide, à vn homme d'vne Pieté
reconnuë, & à celuy qui a fait voir à toute la terre par
vn Ouurage immortel autant qu'inftructif, le Chemin qu'il
faut prendre pour euiter la punition de ce Fils Criminel.

*C'eſt pour cela que ie vous demande beaucoup d'indulgence,
& la bonté de ne me condamner pas tout ſeul, puis que
ie n'ay failly que par conſeil, & que mes Compagnons
ſont autant coupables que moy; Mais faites-moy la grace
de croire qu'ils ne feront iamais, tant que ie le ſuis,*

100

MONSIEUR

Voſtre tres-humble & tres-

obeïſſant Serviteur,

DE VILLIERS.

AU LECTEUR.

Si tu me demandes pourquoy i'ay fait imprimer cette Piece, ie te diray que ie n'en ſçay pas bien la raiſon; & ſi tu me dis que par cette réponſe ie te donne ſujet de n'auoir pas trop bonne opinion de moy, ie te repliqueray, que ie l'ay encore plus mauuaiſe que toy, qui 5 en jugeras ſur l'etiquette du ſac, ſans me connoiſtre, quoy qu'il me fuſt aſſez difficile de paſſer pour inconnu à Paris. Ie ſeray pourtant bien aiſe de te ſatisfaire, & de te dire le plus ſuccintement que ie pourray, pour t'épargner du temps qui t'eſt peut eſtre neceſſaire ailleurs, que ie ſuis 10 vn des Comediens de la Seule Trouppe Royale, & ſeule entretenuë par ſa Majeſté; que mes Compagnons infatuez de ce titre *du Festin de Pierre* ou *du Fils Criminel*, apres auoir veu tout Paris courir à la foule pour en voir la repreſentation qu'en ont faite les Comediens Italiens, 15 ſe ſont perſuadez, que ſi ce Sujet eſtoit mis en François pour l'intelligence de ceux qui n'entendent pas l'Italien, dont le nombre eſt grand à Paris, & que ce fut meſme en des Vers tels quels, comme ſont ceux-cy, cela nous attireroit vn grand nombre de ceux qui ne s'attachent pas 20 à cette regularité ſi recherchée, mais ſi peu trouuée juſqu'icy; & que pouruou que la Figure de D. Pierre, & celle de ſon Cheual, fuſſent bien faites & bien proportionées, la Piece ſeroit dans les regles qu'ils demandent. Ce grand nombre là apporte de l'argent, c'eſt cet argent 25 en partie qui fait ſubſiſter noître Theatre: Mes Compagnons & moy qui en auons heſoin auſſi bien que beau-

coup d'autres, auons jetté les yeux fur ce Sujet; & comme
ils fçauent que ie fuis extrémement attaché à tout ce qui
30 regarde les interefts de noftre Trouppe, ils ont crû que
ie harzarderois le paquet, & que ie confiderois fort peu ce
que l'on pourroit dire de l'Autheur, fi la Piece reüffiffoit.
Ils ont eu raifon, parce qu'ils ont eu ce qu'ils fouhaitoient;
i'en fuis rauy pour l'amour d'eux, & pour l'amour de
35 moy-mefme. Tu me diras que cecy ne fait que pour la
reprefentation, & que ie te doy raifon de ce que ie la
fais imprimer, puis que moy-mefme i'en ay fi mauuaife
opinion: Prens la peine de lire la Lettre que i'en fais
à Monfieur de Corneille, tu y verras ma réponfe & ta
40 fatisfaction. Ce qui me refte à te dire, c'eft que fi en
la lifant tu la trouues bonne, tu te tromperas; mais auffi
fi tu la condamnes abfolument, & qu'il te prenne ennie
de la voir à l'Hoftel de Bourgogne, tu te dementiras
affeurement. Ne defaprouue pas ma modeftie, & mets ce
45 Liuret dans ta poche; tu en as leu quelques-vns affeurement moins capables de te diuertir.

---

41 tu te tromperas] tu me tromperas.

ACTEURS.

D. ALVAROS, Pere de D. Iüan.
D. IVAN.
D. PHILIPPE, Amant d'Amarille.
AMARILLE.
LUCIE, Suiuante d'Amarille.
D. PIERRE, Pere d'Amarille.
LE PREVOST.
1. ARCHER.
2. ARCHERS.
VN PELERIN.
ORIANE, Bergere.
BELINDE, Bergere.
PHILEMON, Païfan.
MACETTE, Femme de Philemon.
LE MARIÉ.
LA MARIÉE.
L'OMBRE de D. Pierre.
PHILIPIN, Valet de D. Iüan.
Valets de Dom Pierre.

La Scene eft à Seuille, & dans quelques lieux fort proches de la Ville.

LE FESTIN
D´E PIERRE
OU
LE FILS CRIMINEL.
TRAGI-COMEDIE.

ACTE I.
SCENE PREMIERE.

Amarille.

Vraymant, vous tardez bien à me venir treuuer!

Lucie.

Dom Philippe, Madame . . . .

Amarille.

Et bien.

Lucie.

Vient d'arriuer.

Amarille.

Ah! ne me surprens point par vne fanffe joye.

Lucie.

Il marche fur mes pas, & de plus, il m'ennoye . . . .

Amarille.

Comment! il t'a parlé?

Lucie.

Si bien que vous verrez
Si ie fuis veritable, & fi vous me croirez.
Il m'a dit qu'il ne peut fupporter voftre abfence,
Qu'il a quitté Madrid auecques diligence,
Que de voir fa Maiftreffe il veut auoir l'honneur,
Anant que de parler à noftre Gouuerneur.

10

Amarille.

Lucie, vne fueur me couure le vifage,
Qui, fi ie ne me trompe, eſt de manuais préſage.

Lucie.

Madame, laiſſez là la fuperſtition,
Et ſongez feulement à la reception
15 Que vous luy deuez faire; apres tout, il me femble
Que vous vous preparez fort mal . . . .

Amarille.

Helas! ie tremble,
Je fuis toute interdite, & ie ne ſçay comment
Je pourray, fans rougir, l'aborder feulement.

Lucie.

Comment? quitter la Cour, venir à toute bride,
20 Ne prendre que l'Amour pour efcorte & pour guide,
A vous voir feulement borner tous fes plaiſirs,
Et vous luy répondrez de pleurs, & de foûpirs!

Amarille.

Pour te dire le vray, ton début m'a furprife;
Lucie, attens vn peu que ie me fois remife:
25 Quand ie me reſſouuiens, quoy qu'il fut éloigné,
Que dans ſa paſſion il n'a rien épargné,
Et que par tant de foins, & tant de bons offices,
Il m'a forcée enfin d'agréer fes feruices,
Qu'il a tout méprifé pour fe donner à moy,
30 Ie me fens obligée à luy donner ma foy:
Mais mon Pere a pour luy quelque froideur fecrete.

Lucie.

Je m'en vay, s'il vous plaiſt, eſtre fon Interprete.
C'eſt que dans l'Entrepriſe, où tous les reuoltez
Attaquoient cet Eſtat prefque de tous coſtez,
35 Où Dom Philippe fit des actions fi belles,
[3] Quand d'vn bras indomptable il chaſſa les rebelles
Qu'au retour du combat, ce vainqueur genereux,
Pour la premiere fois vous prefenta fes vœux,
Qu'en prefence de tous on luy donna la gloire
40 D'anoir contribué luy feul à la victoire;
Voſtre Pere en concent dans le cœur vn dépit,

Preſumant que par là s'abaiſſoit ſon crédit,
Je l'ay ſçeu par adreſſe, & que porté d'ennie
Il ne l'a pû depuis renoir ſans jalouſie.

Amarille.

Helas! depuis ce temps nous ne l'auions pas veu;   45
Mais eſtant ce qu'il eſt, le Gouuerneur a crû
Qu'il ne luy ponnoit pas ranir ſans injuſtice
L'honneur que meritoit cet important ſeruice:
Mais il ne peut auſſi ranir, ſans eſtre ingrat,
La gloire que mon Pere acquit en ce combat,   50
Et qu'en la faction entierement détruite
Il doit tout à ſon bras ainſi qu'à ſa conduite.
Mais il tarde beaucoup!

Lucie.

Comment! le cœur vous bat!

Amarille.

Il ne rendit iamais vn ſi rude combat;
Et s'il n'eſt ſecouru . . . .

Lucie.

N'en ſoyez plus en peine,   55
Il vient, que voſtre eſprit ne ſoit plus à la geſne;
Car nous voyons aſſez que ce cœur innocent
Ne ſçauroit plus cacher l'aiſe qu'il en reſſent.

Amarille.

Helas! parle pour moy.

Lucie.

Vous eſtes admirable!
Si i'eſtois à ſes yeux autant que vous aimable,   60
Ne vous en penſez pas moquer, ie ſçay fort bien
Qu'il ne s'ennuyroit pas dedans mon entretien.

[4]   S C E N E II.

D. PHILIPPE, AMARILLE, LUCIE.

D. Philippe.

Adorable Beauté pour qui mon cœur ſoûpire,
Incomparable objet dont i'adore l'Empire,
Beaux yeux, mes ſeuls vainqueurs, dont les regards puiſſans 65
Ont captiué mon ame, & rauy tous mes ſens,

Ouurage le plus beau qu'ait produit la Nature,
Tiendrez-vous plus long-temps mon ame à la torture?
N'aurez-vous point pitié de voir à vos genoux
70 Un Amant ſi fidele, & qui ſe meurt pour vous?
I'ay cent fois imploré le ſecours de la Parque,
I'ay de mon deſeſpoir donné plus d'vne marque,
Et loin de m'affranchir de tant de maux ſouffers,
Ie redouble ma chaiſne, & reſſerre mes fers:
75 N'auez-vous point encor áſſez de connoiſſance
De mes ſoûmiſſions? de ma perſeuerance?
Mes ſoins et mes reſpects vous ſont-ils inconnus?

Amarille.
Ah! Dom Philippe, au poinct qu'éclatent vos vertus,
Que vous auez grand tort d'accuſer d'injuſtice
80 Un cœur reconnoiſſant, & qui hait l'artifice!
Vos ſeruices m'ont plû, ie ne le puis celer,
Et ſans qu'il faille icy dauantage en parler,
Ie les ſçay, ie les croy, i'ay pour eux de l'eſtime,
Ils ſont exempts de feinte, ils ſont exempts de crime;
85 Celuy qui me les rend les graue dans mon cœur
Par eux il s'eſt acquis le nom de mon vainqueur,
Ce cœur reconnoiſſant luy dit bien qu'il eſpere;
Mais enfin ie ſuis Fille, & ie dépens d'vn Pere.

D. Philippe.
Ah Pere trop cruel! tyrannique pouuoir,
90 Qui va bien-toſt reduire vne ame au deſeſpoir!
[5]   Et quoy! par vne Loy ſi dure & ſi barbare,
Faudra-t'il qu'vne Amour ſi conſtante & ſi rare . . . .

Amarille.
Arreſtez-vous, de grace, épargnez vn diſcours
Qui n'a rien de commun auecques vos amours:
95 Vous m'outragez ſans doute, & vous feriez vn crime
De cette paſſion que ie croy legitime:
Reflechiſſez vn peu ſur ces prompts mouuemens,
Vous trauaillez fort mal à vos contentemens,
Et vous obſcurciſſez par cette violence . . . .

---

90 vne ame] vn ame.

D. Philippe.

Et bien donc, ie m'impoſe vn eternel ſilence,   100
Madame, & ie ſuis preſt de bruler, de ſouffrir,
Que dis-je de bruler? ie ſuis preſt à mourir;
Oüy ie mourray plutoſt, qu'vn insolent murmure
Choque ce que l'on doit aux Loix de la Nature;
Et plutoſt qu'irriter vn chef-d'œuure ſi beau,   105
A vos pieds maintenant ie feray mon tombeau.

Amarille.

Ah! ne triomphez pas icy de ma foibleſſe,
Mourir! ce mot me choque, & biẽ plus, il me bleſſe;
Ie vous aime, & mon cœur preſt à vous ſecourir,
Vous defend de iamais me parler de mourir: 110
Cet aueu dit aſſez que mon ame ingenuë,
En choquant mon denoir, ſe montre toute nuë,
Et qu'enfin mon amour veut exiger de moy,
En faueur de Philippe, vne ſincere foy,
Et luy jurer que rien deſormais n'eſt capable   115
De luy faire changer le titre d'immuable.

D. Philippe.

Merueille des Beautez, dinin charme des yeux,
Que ces mots ſont touchans! que i'en ſuis glorieux!
Mais parmy tant de biens que ma peine eſt extréme!
Je ſçay, pour m'affliger, qu'vn Dom Iſian vous aime,   120
Qu'il dit que vous l'aimez, qu'il a la vanité
D'aſſeurer en tous lieux qu'il en eſt écouté,
Que vous preſtez l'oreille à ſes diſcours infames,
Et que vous approuuez & ſes ſoins, & ſes flámes:
Mais ſi vous permettez que ie luy faſſe voir,   125
[6]   Comme il doit, l'inſolent, rentrer dans ſon deuoir,
Quel qu'il puiſſe eſtre enfin, ie luy feray connaiſtre
Que ce diſcours ne part que d'vn lâche & d'vn traître.

Amarille.

Sans paſſion, de grace, il n'eſt pas de beſoin,
Ny de vous emporter, ny de prendre ce ſoin,   130
Quoy qu'il puiſſe arriuer ie vous feray fidelle:
Tous les tourmens offerts, la mort la plus cruelle

Ne détourneroient pas vn fi jufte deffein ;
A vous feul ie referue & mon cœur, & ma main,
135 Ie puis, fans m'offenfer, auoir cette penfée,
Et ma vertu par là ne peut eftre bleffée.

D. Philippe.

Ah! diuine Amarille, arreftez-vous vn peu ;
Par ces mots fi charmans vous augmentez mon feu ;
Et rien d'orefnauant ne peut eftre capable
140 D'alterer vne amour qui n'a point de femblable.
Sur cette verité puis-je efperer ce foir,
Pour vous la confirmer, le bonheur de vous voir ?
Si i'obtiens cette grace à nulle autre feconde,
Amarille, ie fuis le plus heureux du monde.

Amarille.

145 Auffi-toft que le jour fera place à la nuit,
Venez affeurement fans efcorte, & fans bruit,
Ie vous entretiendray deffous cette feneftre.

S C E N E III.

D. JUAN, D. PHILIPPE, AMARILLE.

D. Juan.

Ie vous y preuiendray, pour vous faire conneftre
Qu'un Amant méprifé méprife le danger,
150 Quand fon jaloux dépit l'oblige à fe venger.

D. Philippe.

I'attens ces doux momens auec impatience,
Pour monftrer qu'il n'eft rien d'égal à ma conftance.

Amarille.

[7] Et pour montrer la mienne, adieu, foyez certain
Qu'à vous feul ie referue & mon cœur, & ma main.

D. Philippe.

155 Ah! que vous me liurez de fenfibles atteintes !
Il faut, belle Amarille, it faut bannir les craintes,
Voftre foy m'en affeure, & viure fous vos Loix,
C'eft eftre plus heureux que commander aux Rois.

---

149 méprifé] méprife.

D. Juan *feul.*

Ne te réjoüis point d'vne telle promeſſe,
Tu ne poſſedes pas encore ta Maiſtreſſe,   160
Et quoy que mon amour ne ſoit pas violent,
Que ie ne veuille icy paſſer que pour galant,
Je te veux faire voir dedans cette pourſuite
Que ie ne manque pas d'adreſſe & de conduite
Je ſçay feindre des maux, & d'vn ton innocent,   165
Je fay l'extaſié, ie fay le languiſſant;
Je fais adroitement mes approches, i'aſſiege,
Je fay donner ainſi la beauté dans le piege:
Je jure que ie ſuis plein de fidelité,
J'atteſte tous les Dieux ſur cette verité;   170
Je luy dis que ſes yeux ont fait naiſtre en mon ame
Des desirs tous brulans, des tranſports tous de flâme;
Et qu'au piteux eſtat où me reduit l'amour,
Il faut me ſecourir, ou me ranir le jour.
C'eſt de cette façon, c'eſt deſſous cette feinte   175
Qu'on voit enfin l'amour l'emporter ſur la crainte:
Amarille, c'eſt là que voſtre paſſion
Ne pourra l'emporter ſur ma precaution,
Et que ie reduiray vos projets en fumée.
Aimez, aimez Philippe, & ſoyez-en aimée,   180
Je vay vous preuenir, & dans la fin du jour
Vous verrez ſi ie ſçay contenter mon amour.
J'entens quelqu'vn, ſortons.

[8]   S C E N E IV.

D. ALVAROS, PHILIPIN.

D. Alvaros.

Ah! malheur déplorable!
Pere trop malheureux d'vn enfant execrable!
De quels yeux maintenant oſeray-je plus voir
Un Fils qui foule aux pieds l'honneur & le deuoir?   185
Qui n'a qu'impietez, & que fureurs dans l'ame?
Qui va porter par tout & le fer, & la flâme?

Et qui, ſans reſpecter le ſexe, ny le rang,
190 Tuë, enleue, aſſaſſine, & s'abreuue de ſang?
Honneur que i'emportois dedans la ſepulture,
Falloit-il qu'vn prodige horrible en la Nature,
Par des crimes ſi grands eut bien oſé ternir
Un renom éclatant qui n'auroit pû finir?
195 Helas! que me ſert-il d'anoir porté ma gloire
Aux oreilles des Rois, & juſque dans l'Hiſtoire,
Si celuy qui deuoit l'accroiſtre & l'éclaircir
L'efface d'vn ſeul trait, & s'en va l'obſcurcir?
Las! il n'eſt que trop vray que les vertus des Peres
200 Ne ſont pas aux enfans des biens hereditaires,
Et que le ſoin qu'on prend à les bien éleuer
Souuent les precipite au lieu de les ſauuer.
Apres ceux que i'ay pris, grands Dieux, faites le reſte
Détournez un malheur ſi grand & ſi funeſte;
205 Ou ſi vous le voulez punir de ſes forfaits,
Dieux! accordez la mort à mes juſtes ſouhaits.

Philipin.
Monſieur, vn tel ſouhait n'eſt pas fort raiſonnable;
Si Madame la Mort au cœur impitoyable
Se preſentoit à vous avec ſon nez camus,
210 Vous en appelleriez, ma foy, comme d'abus.
Mais voulez-vous m'entendre, & voulez-vous me croire?
[9] Puis qu'il n'a point de ſoin d'auoir place en l'Hiſtoi
Il faut preſentement, & ſans plus conſulter,
Ne luy donner plus rien, & le deſ-heriter;
215 Et s'il ne denient point par là plus raiſonnable,
Il faudra le maudire, & l'enuoyer au Diable.

D. Alvaros.
Taiſez-vous, Philipin, vos importuns diſcours
Ne ſont pas de ſaiſon.

Philipin.
Non, mais auſſi toûjours,
Iuſte Ciel! juſtes Dieux, détournez la tempeſte,
220 Saunez mon Fils, du coup qui menace ſa teſte;
Ou ſi voſtre bonté ne veut le ſecourir,
Accordez à mes vœux la grace de mourir.

Sans les importuner de vos cris lamentables,
Vaut-il pas mieux qu'il foit à tous les mille Diables?

D. Alvaros.

Une feconde fois, taifez-vous, Philipin.   225

Philipin.

Car pour vous dire vray, c'eft vn Maiftre Gonin
Qui n'a point de repos, qui furette fans ceffe,
Qui fait le langoureux aupres d'vne Maiftreffe,
Et qui fur vn refus, ou le moindre détour,
Ou de force, ou de gré, contente fon amour.   230

D. Alvaros.

C'eft ce qui m'épouuante, & c'eft ce qui me tuë.

Philipin.

Il n'a pas plutoft dit, que le Drôle effectuë.

D. Alvaros.

C'eft par là que ie pers le fens, & la raifon.

Philipin.

C'eft par là que mes maux font fans comparaifon;
Car pendant fa folie, & tout ce badinage,   235
Ie ne boy ny ne mange, & c'eft dequoy i'enrage.
Le voicy.

D. Alvaros.

Pren pitié d'vn Pere malheureux,
Ciel, & touche fon cœur, en exauçant mes vœux.

[10]   S C E N E V.

D. JUAN, D. ALVAROS, PHILIPIN.

D. Juan.

Quoy! mon Pere eft icy! que ie fuis miferable!
Il s'en va me côter, fans doute, quelque fable;   240
Mais s'il nous fait encor des difcours ennuyeux,
Sortons, & fans replique abandonnons ces lieux.

D. Alvaros.

Dom Juan, aujourd'huy le fang & la nature
Joints à l'affection fincere & toute pure,
Que ie vous porte encor, veut que vous écoutiez   245
De folides confeils, que vous en profitiez,

245 encor] encore.

2 *

Et que ne foulant pas aux pieds mes remonſtrances,
Vous imploriez des Dieux les hautes aſſiſtances;
Que ſi vous ne ſongez, ingrat, à les flechir,
250 Voſtre abyſme eſt onuert, vous n'y ſçauriez gauchir;
Regardez ſous vos pas vn gouffre épouuantable
Preſt à vous engloutir au lit comme à la table;
Pour vous en retirer ie vous preſte la main;
Trauaillez, trauaillez, ſans attendre à demain;
255 Ne fermez pas l'oreille aux aduis d'un bon Pere,
Seruez-vous des conſeils que le Ciel luy ſuggere;
Reprenez, reprenez de meilleurs ſentimens,
Etouffez pour iamais ces brutaux mouuemens.
Je ſçay qu'il eſt des temps où la chaleur de l'âge
260 A quelques libertez pour porter vn courage;
Mais que dans celuy dont vous touchez la ſaiſon,
Vous perdiez lâchement le ſens & la raiſon!
C'eſt ce qui, ſans mentir, me ſurprend & m'afflige;
Voyez les ſentimens à quoy l'amour m'oblige;
265 Oſtez de voſtre eſprit ces lâches paſſions
Qui terniſſent l'éclat des belles actions.

D. Juan.

Si les miennes eſtoient ſujettes à l'enuie,
Vous prendriez moins de ſoins à cenſurer ma vie,
[11]   Vous ſongeriez ailleurs, & n'outrageriez point
270 Un Fils que vos diſcours choquêt au dernier poinct,
Et qui n'entreprend rien que l'âge n'authoriſe.

D. Alvaros.

Ce propos inſolent a mon amé ſurpriſe:
Quoy! l'âge t'authoriſe en tes lâches deſſeins?
Que ie plains ta manie! helas! que ie la crains!
275 Eſprit pernicieux, ſont-ce là tes penſées?
Des Filles de Maiſon ſurpriſes & forcées,
Mettre crime ſur crime en vn meſme moment,
L'âge te le peut-il permettre impunement?
L'âge authoriſe-t'il des forfaits ſi damnables?

Philipin.

280 Il dit qu'il en a veu bien d'autres dans les Fables.

---

266 terniſſent] ternifent.   270 que] qui.   276 de] de

D. Alvaros.

Tu crois que l'on t'eftime, & qu'on nomme valeur
D'eftre ainfi redoutable à tous les gens d'honneur?
Mais viença, fçais-tu bien jufqu'où va cette eftime?
A t'appeller impie, à détefter ton crime,
Comme le plus horrible & le plus odieux   285
Qui fut iamais commis à la face des Dieux.
Sans exercer icy ta fureur & ta rage,
Va dans l'occafion fignaler ton courage,
C'eft là qu'il faut montrer tes inclinations,
C'eft là qu'il faut borner toutes tes paffions;   290
Qu'il faut furprēdre vn Fort, & forcer des murailles;
Non pas perdre le temps à liurer des batailles
A des cœurs innocens qui n'aiment que la paix,
Et qui tremblent fans ceffe au bruit de tes forfaits.

D. Juan.

Souffriray-je long-temps toutes vos refveries?   295
De finiftres effets elles feront fuiuies,
Si vous portez plus loin vos importunitez.
Ah Dieux! que la vieilleffe a d'incommoditez!
De grace, finiffez ces importuns reproches,
Je fens d'vne fureur les fecrettes approches   300
Qui pourroient . . . .

D. Alvaros.

A ton Pere, efprit pernicieux!
12] Tu ne peux éuiter la colere des Dieux,
Leur juftice . . . .

D. Juan.

Le feu de mes jeunes années
Ne peut fouffrir encor mes paffions bornées,
Il ne fçauroit donner de regle à mes defirs,   305
Et ie ne prefcris point de borne à mes plaifirs.
Ie ne vous connoy plus, ny ne vous veux connaiftre,
Ie ne veux plus fouffrir de Pere, ny de Maiftre;
Et fi les Dieux vouloient m'impofer vne Loy,
Ie ne voudrois ny Dieux, Pere, Maiftre, ny Roy.   310

D. Alvaros.

Qu'ay-je plus à tenter ſur cette ame inſenſée,
Dont le crime aujourd'huy fait toute la penſée?
Grands Dieux, voyez ma peine, & ne permettez pas
Qu'il tombe où le Démon précipite ſes pas.
315 Ah! mon Fils, par l'amour, par la bonté d'un Pere
Pendant à tes genoux, & qui ſe deſeſpere,
Par le genereux ſang de tes nobles Ayeux,
Par le ſacré reſpect que nous deuons aux Dieux,
Par mes ſenſibles maux, par ma douleur amere,
320 Permets que ie reſpire, & permets que i'eſpere;
Déſille toy les yeux, & n'abandonne pas
Trop inhumainement ton vieux Pere au trépas.
Si toûjours ma tendreſſe excita ta colere,
Si ta main d'vn ſoufflet a fait rougir ton Pere,
325 Et ſi ton cœur ne veut ceſſer d'eſtre inhumain,
Et ſi tu l'aimes mieux, ·tien, ie t'ouure mon ſein:
Frappes, frappes, cruel, & plonges-y tes armes;
Un Pere t'en conjure auec l'eau de ſes larmes.

D. Juan.

Ècoutez en deux mots ma reſolution:
330 Mon ame condamnée aux peines d'Ixion,
Souffrir tous les tourmens de l'alteré Tantale,
Et épuiſer moy ſeul la Juſtice infernale,
Laſſer tous ſes Bourreaux deſſus moy tour à tour,
M'expoſer cent mille ans au deuorant Vautour,
335 Tout cela dans mon cœur n'imprime aucune crainte;
Et ſi d'vn repentir mon ame eſtoit atteinte . . . .

[13] **D. Alvaros.**

Juſtes Dieux, épargnez ·à ce Fils criminel,
A ma priere ardente, vn ſupplice eternel.

D. Juan.

Allez les inuoquer, c'eſt ce que ie deſire.

D. Alvaros.

340 Mon ſort eſt malheureux, mais le tien ſera pire.

D. Juan.

Que le ſort ſoit proſpere, ou qu'il ſoit ennuyeux,
Je ſuis mon Roy, mon Maiſtre, & mon ſort, & mes D.

Philipin.

Monſieur.

D. Juan.

Que me veux-tu?

Philipin.

Deux petits mots, de grace.

D. Juan.

Parle.

Philipin.

Dites-vn peu ce qu'il faut que ie faſſe;
Si ie vous entens bien, vous renoncez à tout,   345
Dieux, Diables, Hõmes, Cieux, de l'vn à l'autre bout;
Et ſi ces Meſſieurs là vous renoncent de meſme,
Où diable aller ſouper?

D. Juan.

O l'inſolence extréme!

Philipin, *en luy donnant vn coup de pied**).

Ayez pitié de moy, Monſieur, car ie ſuis mort;
Ie veux qu'il ſoit pendu, mais en dernier reſſort.   350

D. Alvaros.

Ah! le Ciel punira ton extréme inſolence.

D. Juan.

Mais retenez la voſtre.

D. Alvaros.

Ah Ciel! prens ma defence,
Et ne luy permets pas . . . .

D. Juan *luy donnant vn coup de poing.*

Vos cris ſont ſuperflus,

Allez, retirez-vous.

D. Alvaros.

Helas! ie n'en puis plus.

D. Juan.

Suy moy.

Philipin.

Pauure Valet, à quelles aduantures,   355
Iourmades, coups de pieds, coups de bâtõs, injures . . .

D. Juan.

Quoy?

*) Jedenfalls steht die Bühnenweisung nicht am rechten Orte,
ſie ist wohl um zwei Zeilen zurückzusetzen.

Philipin.

Rien du tout; allons, il me roüeroit de coups.

D. Alvaros *feul.*

Trop pitoyable Ciel, c'eſt maintenant à vous,
Oüy, Dieux, c'eſt maintenãt à vous que ie m'adrèſſe,
360 Conſiderez mes pleurs, regardez ma triſteſſe,
Et ſi vous n'eſtes pas ſans armes, & ſans yeux,
Puniſſez l'attentat de ce monſtre odieux.
Quoy! vous voyez vn fils auec tant d'inſolence
Contre ſon Pere vſer de tant de violence?
365 Quoy! vous voyez icy des coupables mortels
Auec impieté renuerſer vos Autels,
Et vos bras ſont oiſiſs, & retiennent la foudre
Qui dût auoir déja reduit ce monſtre en poudre!
Mais où m'emporte icy l'excès de la douleur?
370 Helas! ie ſuis aueugle en vn ſi grand malheur;
Faites plutoſt, grands Dieux, qu'il conçoiue l'enuie,
De quitter pour iamais ſa deteſtable vie;
Ou ſi voſtre bonté n'écoute pas ma voix,
Il ne faut plus languir, la mort ſeule eſt mon choix,
375 Oüy, plutoſt que de voir les maux que i'apréhende,
Dieux, donnez-moy la mort que mon cœur vous demand

Fin du premier Acte.

ACTE II.

SCENE PREMIERE.

Dans l'entre-Acte D. Iüan paſſe dans vn Balcon, & laiſſe
Philipin en ſentinelle.

Philipin *ſeul.*

Ie voudrois bien ſçauoir que veut dire cela?
Ie voudrois bien ſçauoir qui diable m'a mis là?
Qui m'a ſi bien planté ſans armes, ſans chãdelle,
380 Pour épier les gens, & faire ſentinelle,
Où deuant que d'auoir atteint le lendemain,
Ie mourray de frayeur, ſi ie ne meurs de faim?

---

376 donnez-moy] donne-moy.

Helas! il ne faut pas attendre dauantage,
Ie fuis mort, autant vaut, mais ie me meurs de rage,
De voir qu'apres auoir jeûné depuis hier,   385
Cela n'eſt point marqué dedans le Kalendrier.
Panure inconfideré! complaiſance trop rude!
A quoy t'expoſe icy ta lâche fcruitude?
Et pourquoy t'attacher aupres d'vn maiſtre fou,
Qui t'a plus de cent fois penſé caſſer le cou?   390
Et qui pendant qu'il va furprendre vne Maiſtreſſe
A plus de mille coups expoſe ta foibleſſe?
Le Diable, vn de ces jours, l'emportera-t'il point?
Ah! s'il ne m'en pouuoit couter que mon pourpoint,
Que ie le donnerois de bon cœur, ou ie meure,   395
A qui voudroit icy l'aſſommer tout à l'heure;
Mais prenons garde à nous, & foyons diligens
En cas qu'on nous furprit; Amarille a des gens,
Dom Pedre eſt fort mutin; & fi Mõſieur mõ Maiſtre
Eſt furpris là dedans, que dira-t'il, le traiſtre?   400
Mais juſte Ciel! qu'entens-je? ô pitoyables cris!
Quel vacarme eſt-ce là? ç'en eſt fait, ie fuis pris.

[16]   SCENE II.

AMARILLE, D. PEDRE, D. JUAN, PHILIPIN, VALETS.

Amarille.
A la force, au fecours, on m'enleue! on me tuë!

Philipin.
Il ne faut pas icy faire le pied de Gruë;
Dénichons viftement.

    D. Pedre.
           Quel defordre eſt ce cy?   405
Effronté raniſſeur, que viens-tu faire icy?
Jusques entre mes bras venir rauir ma Fille!
S'attaquer à l'honneur d'vne illuſtre Famille!
Il faut mourir . . . . ah Ciel! mon vnique recours.

    ' **D. Juan** *luy portant vn coup d'épée.*
Appelle maintenant le Ciel à ton fecours,   410
Voila ce que merite vn infolent langage.

D. Pedre.

A moy, ie fuis bleffé.

Amarille *aux Valets.*

Pourfuiuez-le, courage.

D. Juan.

Infolens, le premier qui s'auance d'vn pas,
Qui branle feulement, ie l'envoye au trépas.

Amarille.

415 Canailles, vous fuyez, vous épargnez vn traiftre,
Alors qu'il faut venger la mort d'vn fi bon Maiftre.

D. Pedre.

Ma fille, ie me meurs, adieu, fouuenez-vous,
Que Dom Philippe doit eftre vn iour voftre Epoux:
I'auois pour cet Hymen vn peu de repugnance;
420 C'eftoit, ie le confeffe, auec peu d'apparence,
Mais vous en eftiez caufe, à prefent dites luy
Que ie le reconnoy pour mon gendre aujourd'huy,
Comme tel qu'il fe doit venger en fa colere
De l'affront de la Fille, & de la mort du Pere;
425 Et pour vous acquiter d'vn fi jufte deuoir,
[17] Montrez ce que fur luy vous anez de pouuoir,
Adieu, ie n'en puis plus, c'en eft fait, & i'expire.

Amarille.

Commandement funefte! ah trop cruel martyre!
Mon Pere, mon cher Pere, ah! de grace, écoutez.
430 Au fecours, ah! i'appelle en vain de tous coftez;
Il ne respire plus, fa belle ame est partie,
Ciel, donnez à la mienne vne mefme fortie,
C'eft mon fang qui s'écoule, & qui fe perd icy,
Et fi mon Pere meurt, ie veux mourir auffi.
435 Juftes Dieux, à quel fort m'anez-vous referuée?
J'éuite le malheur de me voir enleuée?
Mais vn plus grand cent fois me fait au mefme pas
Perdre vn Pere fi bon, qui meurt entre mes bras;
Mais les pleurs à nos maux donnent-ils allegeance?
440 Non, non, fechons nos yeux, courons à la vengeance;
Puis qu'vn Pere mourant nous le commande ainfi,
Plutoft qu'en ce deffein mon cœur n'ait reüffy,

Perçons-le, & faiſons voir par vn effet viſible
A quel poinct cette mort nous doit eſtre ſenſible:
Mais ie n'apperçois pas que ie perds temps icy,   445
Tandis qu'il faut chercher . . . .

SCENE III.

D. PHILIPPE, AMARILLE.

D. Philippe.

Quel deſordre eſt-ce cy?
Amarille, d'où vient la douleur apparente . . . .

Amarille.

Mon Pere eſt mort, voyez Amarille mourante.

D. Philippe.

Amarille, mon ame! ah! ie comprens aſſez
Combien en ce malheur mes vœux ſont trauerſez;   450
Mais nõmez moi l'autheur d'vn coup ſi plein de rage
Et quel eſt le Démon qui fait tout ce rauage.

Amarille.

Helas! c'eſt Dom Jüan.

D. Philippe.

Dom Jüan! l'inhumain!
[18]   Quoy qu'il faſſe, il ne peut ſe ſauver de ma main;
Non, ie le pourſuiuray juſques dans les abyſmes,   455
Je ne croy point d'azile au monde pour ſes crimes;
Quelque part qu'il ſe cache, il ne peut euiter
La mort que dans le ſein mon bras va luy porter.

Amarille.

Mais le conoiſſez-vous?

D. Philippe.

J'ay ſi peu veu ce traiſtre,
Que i'auray, ſans mentir, peine à le reconnoiſtre;   460
Mais auec tant de ſoins ie m'en informeray,
Qu'au bruit de ſes forfaits ie le découuriray.

Amarille.

Il ne peut eſtre loin, on le joindra ſans doute,
Si nous mettons bien-toſt le Preuoſt ſur ſa route.

D. Philippe.

Sa taille?

Amarille.
Belle, & riche.

D. Philippe.
Son air?

Amarille.
465   Audacieux.

D. Philippe.

Et ſon poil?

Amarille.
Aſſez blond.

D. Philippe.
Et ſon port?

Amarille.
Glorieux;
Mais au reſte, vn infame, vn brutal.

D. Philippe.
Amarille,
Il faut faire fermer les portes de la Ville;
Mais comment s'eſt dõc fait vn coup ſi malheureux?

Amarille.
470 Qu'vn moment couſte cher ſouuent aux amoureux,
La nuit n'a pas plutoſt commencé de pareſtre
Que ie vous attendois deſſous cette feneſtre,
[19]   Afin d'auoir le bien de parler auec vous:
Luy, ie ne ſçay comment, a ſçeu le rendez-vous,
475 Il s'eſt coulé ceans pas quelque ſtratagéme,
Qui me met, ſans mentir, dans vne peine extréme.
Sur vn bruit i'ay couru, croyant que c'eſtoit vous,
Qui ponctuellement veniez au rendez-vous;
Mais entrant au Balcon, i'ay ſenty cet infame,
480 Qui m'a ſaiſie au bras, mais qui m'a ſaiſi l'ame
D'vne frayeur ſi forte en cette extremité,
Qu'impuiſſante aux efforts de ce Tygre irrité,
I'euſſe pû ſuccomber à ſa fureur brutale,
Si mon Pere à mes cris n'eut ſorty de la Salle,

_____

480 In dem alten Druck steht am Ende des Verses e
Punkt.

Auec quelqu'vn des fiens, & tâché d'arrefter   485
L'infolent qui vouloit noftre honneur emporter:
Il le pourfuit de pres, il le joint dans la ruë,
Mais délaiffé des fiens, le fcelerat le tuë;
Et moy qui vay mourir fous l'excès des ennuis,
Secourez-moy, de grace, en l'eftat où ie fuis.   490

D. Philippe.

Oüy, ie vous feruiray; traiftre, affaffin, infame,
De ton fein criminel ie veux arracher l'ame;
Et mon bras va laiffer de ta brutalité
Vn exemple immortel à la pofterité:
Non, non, il n'eft plus temps de répandre des larmes,   495
Vengeõs la mort d'vn Pere, allõs, courõs aux armes,
Et d'vne mefme main vengeons encor l'affront,
Qui s'adreffant à vous, rejalit fur mon front:
I'auray les yeux à tout, trop aimable Amarille,
Pour ne vous rendre pas vn feruice inutile,   500
Ie fuis dans ce péril incapable d'effroy,
La Iuftice et les Dieux trauailleront pour moy;
Adieu donc, & tenez ma parole engagée,
De ne me voir iamais, ou de vous voir vengée;
Et ie veux qu'aujourd'huy l'amour & le deuoir   505
Moutrent ce que fur moy vous auez de pouuoir.

SCENE IV.

Philipin *fortant d'où il s'estoit caché.*

Les Tueurs font partis, fortons de ma cachette;
Ie fuis prefque aueuglé de faire l'échauguette,
20| Pour voir ce que feroit ce malheureux Caufeur:
Larron pris fur le fait n'eut iamais tant de peur: 510
Ie croy que le meilleur feroit d'aller bien vifte
Chercher . . . Ce n'eft pas moy, Meffieurs, ie cherche gifte:
Ah! par la tefte-bleu ie penfois eftre pris;
Si ie tombe au pouuoir de ces malins efprits,
Qui vont rodans de nuit, tout de bon, que diray-je?   515
Ie fuis vn panure héro attrapé dans le piége,

Qui fers le plus méchant, le plus capricieux
Qu'on puiffe voir deffous la calotte des Cieux.
Vn qui commet par tout des crimes effroyables,
520 Qui fe moque de tout, ne craint ny Dieux, ny diables,
Qui tuë, & qui viole; au refte, homme de bien;
Malepefte nenny, cela ne vaudroit rien.
Qui va là? Philipin. Çà la bourfe, demeure;
Ie n'en portay iamais, ny d'argent, ou ie meure:
525 Quelqu'vn vient, ie fuis pris, helas! c'eft tout de bon
Par où faut-il fuir? par où fe faune-t'on?

SCENE V.

D. JUAN, PHILIPIN.

D. Juan.

I'oy du bruit. Qui va là?

Philipin.
                Hem!

D. Iuan.
                        Parlez.

Philipin.
                            La Iuftice.

D. Juan.

La Iuftice! craignons ici quelque artifice.

Philipin.

Ils ont peur.

D. Iuan.
        Qui va là?

[21]   **Philipin.**
                    Perfonne.

D. Juan.
                Qui?

Philipin.
                        Moy, toy.

D. Juan.

530 La Iuftice.

Philipin.
        Ah! Madame, helas! ce n'eft pas moy,
Ie fuis fort innocent, mais Dom Iuan mon Maiftre . . .

D. Juan.

Au fon de cette voix, c'eft mon valet, le traiftre,
Eft-ce toy, Philipin?

Philipin.

Monfieur, ie croy qu'oüy;
De grace, vn peu de vin, ie fuis éuanouy.

D. Juan.

La pefte le faquin, tu m'as mis en ceruelle.   535

Philipin.

Taifez-vous, parlez bas, ie fay la fentinelle;
On vous cherche par tout pour vous prēdre au colet,
Et pour gripper auffi voftre panure Valet;
I'ay paffé par la Place où le gibet s'apprefte;
Ie fuis auffi prié de danfer à la fefte;   540
De peur du manuais air on vous gardera peu.

D. Juan.

Apprens que les tourmens, ny le fer, ny le feu,
Ne fçauroiēt imprimer fur ce cœur ferme & ftable.

Philipin.

Pas fi ferme que moy quand ie fuis à la table.

D. Iuan.

Taifez-vous, infolent, yurogne, & fans raifon,   545
Vos difcours effrontez ne font pas de faifon,
Vous raillez hors de temps.

Philipin.

Nommez vous raillerie
D'expofer à tous coups fa miferable vie?
Courir comme vn Lutin, iour & nuit fans manger?
Si vous continuez d'eftre ainfi ménager,   550
[22]   Vous ne dépenferez rien, ou fort peu de chofe,
Pour nourrir vos Valets.

D. Juan *apres auoir refré*.

Oüy, la métamorphofe
Sera bonne, fans doute, & nous reüffira,
Sous ce déguifement vienne apres qui pourra.
Donne-moy tes habits.

Philipin.

Mes habits! pourquoy faire?   555

D. Juan.

Meſlez-vous ſeulement d'obeïr, & vous taire.

Philipin.

Moy! mes habits, Monſieur?

D. Juan.

Oüy, vous prendrez les miens.

Philipin.

Vous vous moquez de moy!

D. Juan.

Tant de ſots entretiens

Me choquent à la fin, dépeſchons.

Philipin.

Ah! panure homme!

560 Si ie ſuis rencontré le premier, on m'aſſomme;

Et pour dire cent fois, Monſieur, ce n'eſt pas moy,

On me pendra, ſans doute, & ſans dire pourquoy.

D. Juan.

Si vous conteſtez plus, inſolent, ie proteſte . . . .

Philipin.

Ah! pauure habit, ſous qui ie paroiſſois ſi leſte,

565 Faut-il t'abandonner?

D. Juan.

Paſſe dedans ce coin,

Il nous ſert de retraite en ce preſent beſoin.

Tu trembles! le cœur bas.

Philipin.

J'en ay plus qu'Encelade;

Je prendray mieux que luy le Ciel par eſcalade;

Cachons-nous, i'oy du bruit, i'entends quelqu'vn marcher:

570 N'eſt-ce point le Preuoſt qui viẽdroit nous chercher?

[23]   S C E N E VI.

AMARILLE, LE PREVOST, LES ARCHERS.

Le Prevoſt.

Madame, ie ſçay trop le ſujet de vos plaintes,

Ie ſçais auec combien de ſenſibles atteintes

Vous fupportez la mort d'vn Pere genereux
Qui méritoit, fans doute, vn deftin plus heureux ;
Et ie fuis obligé de vous dire moy-méme   575
Que i'en ay, fans mentir, vn déplaifir extréme.
Auffi ne croyez pas qu'en cette occafion

Ie ne vous faffe voir quelle eft ma paffion
A pourfuiure vn tel crime ; oüy, bien-toft la Iuftice
En punira l'autheur par vn cruel fuplice ;   580
Moderez donc vos pleurs, & calmez vos enuis.

Amarille.

Dans l'eftat malheureux des peines où ie fuis,
Ie n'ay iamais douté que de voftre affiftance

Ie ne dûffe efperer vne entiere vengeance,
Et qu'vn fi deplorable & furprenant trépas   585

N'armât en ma faneur voftre inuincible bras :
Mais fçachez qu'en cecy la diligence importe,
Il faut bien empefcher que l'affaffin ne forte,
Car s'il peut vne fois fe voir en liberté . . . .

Le Prevoft.

On m'a du Gouuerneur l'ordre exprès apporté,   590
Ie vien de luy parler, il a voulu m'inftruire
Comment en cette affaire il faloit me conduire ;

Il eft forty luy-mefme auec peu de fes gens
Et des plus refolus & plus intelligens,
Pour voir s'il feroit point encore dans la Ville,   595
Et rendre à peu de bruit fa prife plus facile :
Dom Philippes encor à vous venger eft preft,

Auec beaucoup d'ardeur il prend voftre intereft,
Et ie fuis affeuré qu'il y perdra la vie,
Ou qu'il verra dans peu fa vengeance affouuie ;   600
[24]   Pour moy ie vous promets, quoy qu'ordône le Sort,
De vous liurer icy l'affaffin vif, ou mort.

Amarille.

Apres tant de faneurs que faut-il que ie faffe ?

Et de quelle façon vous puis-je rendre grace
De toutes les bontez que vous auez pour moy ?   605

Le Prevoft.

Allons, repofez-vous feulement fur ma foy,

Ie prens affez de part en tout ce qui vous touche,
Mon ordre eft preffant, & . . . .

Amarille.

                    Vous me fermez la bouche.

Le Prevoft.

Venez, que ie vous mene en voftre appartement.

Amarille.

610 Non, non, fongez pluftoft . . . .

Le Prevoft.

                    Allons; dans vn moment
Croyez que vous aurez des nouuelles certaines
De celuy dont la mort mettra fin à vos peines.
Quoy qui puiffe arriuer, fideles Compagnons,
Ne mettez pas le cœur ny la force aux talons;
615 Car dans cette capture où ie prens la conduite,
Le premier que ie voy s'ébranler à la fuite,
Que la peur du péril vient faifir au colet,
Ie le renuerfe mort d'vn coup de piftolet.
Donc que chacun de vous examine, regarde,
620 Soyez tous attentifs, & tous fous bonne garde;
Car fouuent en des coups femblables entrepris,
Tel qui croyoit furprendre, a fouuent efté pris.
Pour ne rien hazarder, qui que ce foit qui paffe,
Il faut foigneufement le remarquer en face,
625 Voir à fon action s'il s'épouuantera;
S'il parle, remarquer comment il parlera;
Et fur tout, que chacun ait la main occupée
A ne luy laiffer pas d'abord tirer l'épée,
Le traiftre en cet eftat nous incommoderoit,
630 Et dans l'extremité la peur le porteroit;
Soyez donc vigilans, car en pareille affaire
Vous ne fçauez que trop ce que la peur fait faire.

[25]   Archer.

Monfieur, ie vous promets, quand il auroit cent bras,
Dés que ie le ioindray, de le porter à bas;
635 Et ie luy ferreray fi bien la gargamelle,
Qu'il n'aura pas le temps de tirer l'alumelle.

Le Prevoſt.

r ſus, ie ſuis rany de vous voir reſolus,
n cette affaire cy nous ſommes abſolus,
ous auons liberté de tuer, ou de prendre,
'eſt pourquoy gardons bien de nous laiſſer ſurprendre.   640

Archer.

onſieur, i'ay de bons yeux, & de meilleures mains.

Le Prevoſt.

ais nous auons affaire au pire des humains,
ui ſe reconnoiſſant chargé de tant de crimes,
ſt incapable encor de remors legitimes,
ui riſque pour tout perdre, & qui va faire effort   645
our nous faire acheter bien cherement ſa mort.
oy du bruit, Compagnons.   Auance, la Montagne.

Archer.

oque-taillade, auance à moy.

SCENE VII.

PHILIPIN, LE PREVOST, LES ARCHERS.

Philipin.
                Le Ciel m'accompagne,
vais eſtre pendu dedans mes beaux habits,
le Ciel par bonté ne me garde de pis.   650

Le Prevoſt.
ordons finement, ſi nous le voulons prendre.

Archer.
uis prenons garde auſſi, Monſieur, de nous méprendre.

Le Prevoſt.
ui va là?

Philipin.
Hem! qui branle?

[5] #### Le Prevoſt.
                Il faut demeurer là.

Philipin.
voila demeuré; Quels faquins ſont-ce là?

Le Prevoſt.
reſtez, & ſçachons qui vous eſtes.   655

643 chargé | charge.

3 *

Philipin.

Le Comte,
Qu'impunément iamais qui que ce ſoit n'affronte;
Viſte, faites-moy largue, ou de cent mille coups . . . .

Le Prevoſt.
Hé de grace! Seigneur . . . .

Philipin.
Comment?

Le Prevoſt.
Pardonnez-nous,
Nous nous ſommes mépris.

Philipin.
Je vous feray tous pendre;
660 Qui vous fait ſi hardis d'oſer ainſi ſurprendre
Voſtre Seigneur & Maiſtre, alors que nuitamment . . . .

Le Prevoſt.
Seigneur . . . . .

Philipin.
Si vous oſez dire vn mot ſeulement . . .

Le Prevoſt.
Seigneur, vous ſçauez biẽ ce que voſtre ordre porte,
Il nous defend qu'aucun ny n'entre, ny ne ſorte,
665 Sans . . . .

Philipin.
Je le ſçay fort bien, mais ce n'eſt pas ainſi
Qu'il faut l'executer, retirez-vous d'icy.

Le Prevoſt.
Enfans, retirons-nous, & craignons ſa puiſſance.

Philipin.
Ventre!

Le Prevoſt.
Nous vous rendrons entiere obeïſſance,
Seigneur.

Philipin.
Vos complimens ſont icy ſuperflus;
670 [27] Mais que dans mon chemin ie ne vous trouue plus
Où diable ay-je donc pris ce morceau de courage?
Mais ne demeurons pas en ce lieu d'auantage;

Car s'il faut par malheur que i'y fois découuert,
C'eſt là que ie feray, fans doute, pris fans vert.
La malepeſte! ils ont diablement pris la fuite,   675
De noſtre part auſſi ménageons bien la fuite;
Sortons à petit bruit, ie fçay certains endroits
D'vn mur rompu par où i'ay paſſé d'autres fois,
Allons-y de ce pas, & fur tout, pour bien faire,
De ces maudits habits tâchons de nous défaire;   680
I'y fuë à meſme temps, & i'y tranfis d'effroy,
Et i'y ferois pendu malgré mes dents & moy.

Fin du ſecond Acte.

ACTE III.

SCENE PREMIERE.

Un Pelerin.

Cour, jadis mes plus grands delices,
Cour, le plus grand de mes fuplices,
Et l'écueil d'vn tas d'inſſenez,   685
Qui d'vne ame inconſtante, autant qu'irreſoluë,
Ont les yeux couuerts d'vne nuë
Qui leur cache les maux dont ils font menacez.

Bois, Antres, Rochers, Solitude,
Charmeurs de mon inquietude,   690
O que ie henis l'heureux jour,
Qu'apres toutes les Mers affreuſes trauerſées
Je puis éleuer mes penſées,
Sans craindre la tempeſte au celeſte ſejour.

J'ay veu, menaré du naufrage,   695
Le Nil, le Jourdain, & le Tage;
Et mille fois pres du tombeau,
J'ay veu le Rhin, le Gange, & l'Euphrate, & le Tigre,
28]   I'ay veu le Danube & le Tybre,
Enfin tout le vieux monde, & le monde nouueau.   700

Apres tant d'erreurs vagabondes,
Apres des peines fans fecondes,
Bien-heureux, ie furgis au Port,
Et rany d'échaper à tant d'écueils funeftes,
705   Pour en confacrer les vieux reftes,
Aux volontez du Ciel ie viens regler mon fort.

Mais infenfiblement ie fens fur ma paupiere
Diftiler des pauots qui m'oftent la lumiere,
Et m'obligent à prendre vn paifible fommeil;
710 De peur que les paffans ne caufent mon refveil,
Cherchons quelque gazon de mouffe ou de verdure,
Pour prendre le repos qu'on doit à la Nature,
Sans qui le foible corps ne fçauroit fubfifter,
Non plus qu'à fes trauaux journaliers refifter;
715 Ce lieu s'offre à propos, auffi bien il me femble
Entendre pres d'icy des gens parler enfemble.

SCENE II.
D. JUAN, PHILIPIN.

Philipin.
Commêt! vous en doutez? dites vn peu pourquoi?
D. Iuan.
Pour te croire, il faudroit ne manquer pas de foy.
Philipin.
Il n'eft rien de plus vray, Monfieur, ils eftoiêt feize;
720 D'abord. l'épée au poing i'en ay renuerfé treize;
Les trois qui font reftez auecques le Preuoft,
Ie leur ay fait gagner la guérite bien-toft:
Pefte! comme ils fuyoient ces panures miferables!
Ie vous les ay battus en trente mille diables;
725 Enfin tréize font morts, & pour les trois reftez
Ils mourront dans demain au plus tard; écoutez.
D. Juan.
C'eft là ce grand courage? ah le vaillant pagnotte!
[29]   **Philipin.**
Si i'auois mon habit auec quoy ie les frotte . . . .

D. Juan.
Vaillance à part, dy moy? comment m'as-tu treuvé?

Philipin.
Monſieur, ie ſuis ſorty par vn vieux mur crené, 730
Au hazard de gaſter mes habits magnifiques;
J'ay fait cent mille tours par des chemins obliques,
J'allois tantoſt au gauche, & puis tantoſt à droit,
Et n'esperant plus rien, ie me ſuis trouné droit
Au pied de ce grand Cheſne, au carrefour des routes, 735
I'ay pris celle des Pins toûjours dedans mes doutes,
De voir où ie pourrois enfin vous attraper,
Et principalement où ie pourrois ſouper,
Quand par bonheur i'ay veu ce malheureux Village
Où ie vous ay tronné ſi remis, & ſi ſage: 740
Les Dieux en ſoient loüez, mais dites-moy cõment
Ie vous ay rencontré ſi fortuitement;
Au moins ſi ce n'eſt pas, Monſieur, faire vne offenſe,
Que de valet à Maiſtre entrer en conference.

D. Juan.
Le Bourgeois n'eſtant point encores aduerty, 745
Ie ſuis ſous tes habits facilement ſorty;
Et ſçachant qu'apres moy l'on ſe mettoit en queſte,
I'ay choiſi ce Hameau pour plus ſeure retraite;
Certain que les Preuoſts cherchans en mille endroits
Me croiront moins icy qu'en l'epaiſſeur du Bois. 750

Philipin.
Mais à preſent, Monſieur, que pretendez-vons faire?

D. Juan.
Je veux voir, ſi ie puis, l'vn & l'autre Hémiſphere;
Je veux chercher la guerre aux païs étrangers,
Je veux abandonner ces mouuemens legers
Qui m'ont fait juſqu'icy l'horreur de tout le monde, 755
Et par vne valeur à nulle autre ſeconde,
Je veux par l'auenir reparer le paſſé.

Philipin.
O le ſaint homme! ô Ciel! *quieſcat in pace.*

748 choiſi | choſi.

D. Juan.

. Oüy, ie veux éloigner cette maudite terre
760 Où ie me voy toûjours menacé du Tonnerre;
    [**30**] Peut-eftre qu'en quittant ce païs malheureux,
    Nous trouuerons ailleurs des deftins plus heureux.

Philipin.

Que ferez-vous tout feul?

D. Juan.

Je veux que tu me fuiues.

Philipin.

Moy?.

D. Juan.

Toy fans contefter.

Philipin.

Ah! pointures trop viues!
765 Moy! quitter mon païs, & mes pauures parens!
    Si i'auois comme vous fait cent maux diferens,
    Def-honoré la Sœur, affaffiné le frere,
    Renuerfé les Autels, & fait mourir mon Pere . . . . .

D. Juan.

Mon Pere!

Philipin.

Oüy, voftre Pere, il eft mort.

D. Juan.

Qüe dis-tu?

Philipin.

770 Accablé de douleurs, & l'efprit abbatu,
    De vos crimes frequens dont il mouroit de honte,
    Il eft allé denant là bas en rendre conte.

D. Juan.

Comment! mon Pere eft mort! à ce coup ie connoy
Que le Ciel & l'Enfer font liguez contre moy:
775 Mais tu m'as bien long-temps caché cette nouuelle.

Philipin.

Ce malheureux Preuoft, & toute fa fequelle,
Qu'à tous momens ie croy me tenir au colet,
M'ont fait en ce moment oublier mon rolet.

_____

772 rendre] tendre.

D. Juan.

D'où le fçais-tu?

Philipin.

De gens qui paffoient par la Ville,
On n'a pû luy donner de fecours qu'inutile,   730
Difoient-ils affez haut, les crimes de fon Fils
[31] L'ont tellement faifi, l'ont tellement furpris,
Que fuccombant aux maux qu'à commis cet infame,
Au milieu de fes gens il vient de rendre l'ame ;
Or comme ie fçay bien que par tout recherchant   735
On n'en fçauroit iamais tronner vn fi mefchant,
Si les crimes d'vn Fils ont fait mourir vn pere,
Il faut que ce foit vous, ou ie refve, Compere.

D. Juan.

Ne m'importune plus ; & bien, mon Pere eft mort,
Voyons ce que de nous ordonnera le Sort   790
Et fi d'autres climats nous feront plus profperes,
Philipin, vn Vaiffeau, vifte, & ne tarde gueres.

Philipin.

Pour vous tout feul?

D. Juan.

Non, fat, ie vous ay déja dit
Que vous . . . .

Philipin.

Les Matelots nous feront-ils crédit?
Car d'argẽt, pour celuy qui tient cours dãs le monde,   795
La piece deffus vous, fans doute, la plus ronde,
C'eft comme qui diroit . . . .

D. Juan.

Effronté, que dis tu?

Philipin.

C'eft comme qui diroit . . . .

D. Juan.

Et bien.

Philipin.

Lanturelu.

D. Juan.

Tu ne fçais pas encor ce qui me refte, approche.

Philipin.

800 Auriez-vous bien coulé quelques joyaux en poche?
Pour comble de loüange, & de gloire, & d'honneur,
Il ne vous refte plus que d'eftre bon Voleur.

D. Juan.

Va, nous aurons & bien, & difgrace commune.

Philipin.

Je vay donc voir au port fi ie feray fortune,
805 [32] Et fi ie trouueray quelques bons Matelots
Qui nous puiffent bien-toft abyfmer fous les flots;
Mais que voy-je fortir de cette Grotte obfcure?

SCENE III.

UN PELERIN, D. JUAN, PHILIPIN.

D. Iuan.

Arrefte, Philipin.

Philipin.

O l'étrange auanture!

D. Juan.

Quel homme vient icy me couper le chemin?

Philipin.

810 Vous voila bien troublé, c'eft . . . .

D. Juan.

C'eft?

Philipin.

Un Pelerin.

D. Juan.

En l'eftat où ie fuis chacun me fait ombrage,
Auance, & va le voir fi tu peux au vifage.
Ie roule dans l'efprit vn deffein, Philipin.

Philipin.

Monfieur.

D. Iuan.

Il faut auoir l'habit du Pelerin.

Philipin.

815 O diable-zot, Môfieur, croyez-vous que cet hôme . . . .

D. Juan.

Tu repliques toûjours, à la fin ie t'aſſomme,
Tes conteſtations te vaudront mille coups.

Philipin.

Mais auſſi tant d'habits, à quoy donc penſez-vous?
Ie n'ay point encor veu de telles incartades,
Vous feriez bien vous ſeul cinq ou six maſcarades;   820
L'habit d'un Pelerin, l'habit de ſon Valet,
Et tout cela pourquoy? pour aller au gibet.

[33]   **D. Iuan.**

Oſte-toy; ce maraut ne ſert qu'à m'interrompre.

Philipin.

Il aura, que ie croy, grand peine à le corrompre.

D. Juan.

Le Ciel veüille donner le repos à vos jours.   825

Le Pelerin.

Le Ciel d'vn œil benin vous regarde toûjours.

D. Juan.

Que faites-vous aiuſi dans cette Foreſt ſombre?

Le Pelerin.

De meſme que le corps eſt ſuiuy de ſon ombre,
Ie ſuy, par des ſentiers que me preſcrit le Sort,
L'infallible chemin qui nous mene à la mort.   830

Philipin.

Que parle-t'il de mort? eſt-ce qu'il vous annonce
Que vous ferez pendu?

D. Juan.

                    Non, attens ſa réponſe.

Philipin.

Ah! point de répondant, quand il eſt queſtion
De grimper au gibet, iamais de caution.

D. Juan.

Vous auez en ce lieux beaucoup d'inquietude?   835

Le Pelerin.

Tant s'en faut, le repos regne en ma ſolitude,
I'y ſauoure à longs traits les biens delicieux
Que verſe à pleines mains la clemence des Cieux;

Eloigné de la Cour, du bruit & des tempeftes,
840 Ie conuerfe fouuent auec de fimples beftes,
En qui ie voy cent fois plus de raifonnement
Qu'aux hommes éleuez trop délicatement.
I'y connoy des inftincts, i'y voy des connoiffances
Que leur ont influé les celeftes Puiffances,
845 Et dont ces animaux fçauent mieux profiter
Qu'vn tas de réprouuez qu'il faudroit détefter.
O honte de ce fiecle! ô fources infinies
D'abominations! vous fouffrez des impies,
Vous fouffrez des meurtriers, vous fouffrez des brutaux
850 S'éleuer tous les jours par des crimes nouueaux,
[34] Et vous n'employez pas les carreaux de la foudre
Pour punir ces peruers, & les reduire en poudre.

Philipin.

Remettez à demain la prédication,
Car aujourd'huy mon Maiftre eft fans deuotion.

Le Pelerin.

855 Apprenez, efprit foible, & remply d'ignorance,
Que voftre Maiftre & vous eftes fous la puiffance
Des Dieux, juftes vengeurs, qui fçauront bien punir
Et vos crimes paffez, & ceux de l'auenir.
Peut-eftre approchez vous de ce moment funefte.

D. Juan.

860 Bon homme, vne autrefois vous nous direz le refte,
Contentez feulement ma curiofité.

Le Pelerin.

Si c'eft pour éclaircir quelque difficulté,
Ie fuis trop ignorant en femblables matieres,
C'eft au Ciel qu'il en faut adreffer les prieres.

D. Juan.

865 Non, c'eft qu'en vn deffein où le Ciel me conduit
I'ay neceffairement befoin de voftre habit.

Le Pelerin.

Mon habit? fongez-vous à ce que vous me dites?

D. Juan.

Sans employer le temps en de vaines redites,

---

843 des] dés.

I'en ay befoin, vous dis-je, & quoy que vous fiffiez,
Vous me fâcheriez fort, fi vous me refufiez.   870

Le Pelerin.
Mon habit, quoy que faffe icy voftre induftrie,
Ne fe depoüillera iamais qu'auec ma vie,

D. Juan.
Songez que ie vous l'ay demandé par douceur,
Qu'en ce moment i'en veux eftre le poffeffeur,
Et qu'il n'eft rien pour luy que ie ne vous octroye.   875

Le Pelerin.
Monfieur, vous perdez temps, car par aucune voye
Vous ne pourrez tenter, ny le cœur, ny les yeux
D'un hõme qui ne craint que le courroux des Dieux.

D. Iuan.
Ah! c'eft trop raifonner, & voftre refiftance . . . .
[35]   ### Le Pelerin.
Quoy! vous me l'ofteriez auecques violence?   880

Philipin.
   s'en va fon épée en voftre fang foüiller:
   ı! ne le tuez pas, il fe va dépoüiller.

D. Ivan.
Vifte donc, autrement . . . .

Philipin.
              Dépefchez-vous, bon homme,
Vous en aurez, fans doute, vne notable fomme,
Mon Maiftre eft liberal.

Le Pelerin.
              Non, non, l'argent, ny l'or,   885
Ne m'ont iamais tenté.

D. Iuan.
              Vous refiftez encor?
Ie vous donne le mien.

Le Pelerin.
              Mais il m'eft inutile.

D. Iuan.
Ie fuis las de vous voir faire le difficile;
Que fert de contefter? car enfin io le veux.

Philipin.

890 Mon pauure Pelerin, répondez à ſes vœux,
Au nom de Iupiter.

Le Pelerin.

Souffres-tu qu'on t'affronte?
Entrõs dans cette Grotte où i'auray moins de honte.

D. Iuan.

Vien prendre mon épée, & t'en va promptement
Auſſi-toſt que i'auray changé d'habillement.

Philipin.

895 Ie vous attens au port avec beaucoup de ioye.
Quels rubans vous faut-il pour vne petite-oye?
Pour cet habit de mode il en faut des plus beaux.

D. Iuan.

Je te chamarreray le tien des plus nouueaux.

Philipin.

Qui, ie croy, n'auront pas couſté beaucoup à faire;
900 Mais par la teſte-bleu, ſi i'eſtois à refaire,
[**36**] Ie m'empeſcherois bien de ſeruir de Valet
Au plus meſchant . . . Mais las! ce n'eſt pas encor fait:
Qui diable vient icy? fuyons, peur de ſurpriſe.

S C E N E IV.

D. Philippe.

Dans la juſte fureur dont mon ame eſt ſurpriſe,
905 Ie cherche vagabond, & cours de tous coſtez,
Sans pouuoir voir la fin de mes perplexitez.
Le Ciel dans mes erreurs, & ma peine ſoufferte,
Me cache l'aſſaſſin qui m'anime à ſa perte,
Et me fait, en voyant mon deſſein trauerſé,
910 Douter qui de nous deux l'a le plus offenſé.
Quoy! vous pouuez ſouffrir icy des parricides!
Des lâches aſſaſſins? des cruels homicides?
Helas! ie m'extrauague en ma juſte douleur.
Non, les Dieux en cecy n'y meſlent rien du leur,
915 Et s'ils ne l'ont déja puny de tous ſes crimes,
C'eſt qu'ils l'ont reſerué pour les plus creux abiſmes,

———————————

910 deux] d'eux.

Pour le faire fouffrir, le faire déchirer,
Luy faire mille morts, au lieu d'vne endurer,
Pardonnez, juftes Dieux, dans ma douleur extréme,
Si i'ofe m'emporter & fortir de moy-méme,   920
Et fi ie vous demande, en fuiuant mon deffein,
Qu'il vous plaife punir ce traiftre par ma main.

SCENE V*).

D. JUAN, D. PHILIPPE.

D. Juan.

Enfin fous cet habit on ne me peut connoiftre;
Mais voy-je pas là bas Dom Philippe paroiftre?
Oüy, c'eft mon ennemy.

D. Philippe.
    Ie vois vn Pelerin.   925
Mon amy, pourriez-vous me montrer le chemin?

D. Juan.
Où voulez-vous aller? Me voilà fans épée,
37] Et ie connoy par là mon attente trompée;
Déguifous noftre voix le mieux que nous pourrons.

D. Philippe.
Vous eftes Pelerin?

D. Juan.
    Oüy, grace aux Dieux tous bons.   930

D. Philippe.
Demeurez-vous toûjours en ce lieu?

D. Juan.
      D'ordinaire.

D. Philippe.
Ne voyagez-vous point?

D. Juan.
    Quand ie ne fçay que faire.

D. Philippe.
Vous vous accordez mal, courir & demeurer!

D. Juan.
Ie cherche le repos, quand ie fuis las d'errer.

 *) Scene V] Scene III. 926 montrer] monter.

D. Philippe.

935 Vous vifite-t'on pas quelquefois? les vifites
A des gens retirez né font pas interdites.

D. Iuan.

Non, Monfieur.

D. Philippe.

      Parmy ceux qui vous font venu voir,
S'eft-il point prefenté le matin, ou le foir,
Un jeune homme, à peu pres . . . .

D. Iuan.

      Non, en ma confcience.

D. Philippe.

940 Ie n'ay pas acheué, donnez-vous patience;
Un jeune homme à peu pres de mon port, de mõ air,
Et de teint . . . .

D. Iuan.

Non, Monfieur.

D. Philippe.

      Mais laiffez-moy parler.

D. Iuan.

C'eft fans vous arrefter, que ie n'ay veu perfonne:
Il faut répondre peu, de peur qu'il me foupçonne.

[38]   **D. Philippe.**

945 Quoy! ie courray toûjours, & fans tréue, & fans fin?
Je ne pourray iamais rencontrer l'affaffin
Que mon malheur fouftrait à ma jufte colere!
Quoy! les pleurs d'vne Fille; & quoy! la mort d'vn Pere
Reftera fans vengeance! ah! ne permettez pas
950 Deftins, que l'affaffin éuite le trépas;
Je doy cette victime à ma chere Amarille.

D. Juan.

Vous en euffiez plutoft eu nouuelle à la Ville.

D. Philippe.

Le traiftre en eft forty, mais qu'il foit affeuré
Anant la fin du iour, que ie me vengeray.

D. Juan.

955 Vous fçauez que les Dieux defendent la vengeance;
Mais pour en obtenir une entiere affiftance,

Il les faut fupplier auec humilité
De donner à nos vœux ce qu'ils ont fouhaité.

D. Philippe.

Ah! ie les en fupplie, & de toute mon ame,
Grands Dieux, fi dans mes mains vous remettez l'infame. 960

D. Juan.

Monfieur, pardonnez-moy, fi ie vous interromps;
Icy vos mouuemens, fans doute, font trop prompts,
Et vous priez les Dieux auec vne indécence
Qui les choque fans doute, & leur fait vne offence:
Il les faut fupplier auec humilité, 965
Et ne prier iamais les armes au cofté.
Pofez les.

D. Philippe.

      De bon cœur, mon Pere, & ie protefte
De répandre plutoft tout le fang qui me refte,
De n'en porter iamais, fi ie ne fuis vengé.
Faites-moy donc, grands Dieux . . . .

D. Juan.

          Déteftable enragé, 970
Qui viens de guet à pend affaffiner vn homme,
Regarde qui ie fuis, apprens comme on me nomme.
Ie fuis ce Dom Illan que tu cherches par tout,
Pour qui tu vas courant de l'un à l'autre bout;
[89] Ie ne me fuis caché qu'à deffein de furprendre 975
Ce fer dont ie fçauray maintenant me defendre,
Et dont ie t'ofterois la vie en ce moment,
Si ie n'eftois pouffé par quelque mouuement
D'en remettre l'effet . . . . . .

D. Philippe.

        Affaffin, traiftre, infame,
Quoy! ie te trouuerois, & fans t'arracher l'ame? 980
Scelerat, parricide, effronté, fuborneur,
Il faut que de ces mains . . . .

D. Iuan.

        C'eft trop, beau harangueur:
Malgré les fentiments d'vne injufte colere,
Va dedans les Enfers rejoindre ton Beaupere.

D. Philippe.

985 A l'aide, mes amis, au fecours, ie fuis mort;
Adorable Amarille, helas: plaignez mon fort!

Fin du troifiéme Acte.

ACTE IV.

SCENE PREMIERE.

PHILEMON, MACETTE.

Philemon.

Non, non, ie ne puis pas croire que de mon âge
On ait iamais parlé d'vn sëblable naufrage:
Les panures malheureux! fçauez-vous bien comment,
990 Ils ont gagné le bord fi fauorablement?
I'ay pris l'vn fur vn ais qui refpiroit à peine,
L'autre embraffoit à force vn morceau de l'antenne,
A laquelle tenoit vn petit bout du mats;
Auffi-toft mis à terre, ah miferable! helas!
995 A dit le plus petit, Dieux! quelle barbarie!
I'anois tant beu de vin fans eau toute ma vie,
Et fi preft de finir par vn cruel deftin,
Faut-il tant boire d'eau fans y mettre de vin?

[40] **Macette.**

L'autre à qui le malheur femble encore plus rude,
1000 Témoigne, fans mentir, beaucoup d'inquietude;
En fechant fes habits, il lâche des propos
Qui marquent que l'efprit n'eft pas bien en repos;
Quoy! faudra-t'il encor que les Dieux & les Hõmes
Me viennët accabler dans les lieux où nous fommes,
1005 Difoit-il?

Philemon.

En effet, depuis vn certain temps
On y voit arriuer d'étranges accidens,
Vn certain Dom Iüan, d'vne injufte colere;
A tué depuis peu noftre Seigneur Dom Pierre;

986 ! fehlt im Original.

Et comme c'eft icy fon plus proche Chafteau,
On a fait ériger en ce lieu fon Tombeau,   1010
Où l'on a fait grauer deffus fa fepulture
L'ouurage le plus beau qui foit en la Nature ;
Sa Fille, & fon Amant, font icy dés hyer,
Qui font chercher par tout l'execrable meurtrier ;
Et s'il eft attrapé, malgré fon induftrie,   1015
Il mourra que ie penfe en bonne compagnie.

Macette.

Cela n'eft pas nouueau, chacun le fçait affez ;
Allons voir fi nos gens font fecs & delaffez ;
Les voila bien changez qui viennent ce me femble.

SCENE II.

D. JUAN, PHILIPIN.

D. Iuan.

Mon Hofte, laiffez nous vn peu parler enfèble.   1020

Philemon.

Volontiers, auffi bien il faut que i'aille exprés
Sçauoir pour le Feftin fi tous nos gens font prefts.

D. Juan.

Sauué de la tempefte, échappé du naufrage,
Sorty de mille écueils au plus fort de l'orage,
Ie viens, l'efprit remis, en ces aimables lieux   1025
Rendre grace humblement à la bonté des Dieux.

[41]   Philipin.

Echappé du naufrage au fort de la tempefte,
Sauué deffus vn mats qui m'a caffé la tefte,
O beaux lieux, où la Mer m'a voulu décharger,
Ne trouueray-je point quelque chofe à manger ?   1030

D. Iuan.

Tay-toy.

Philipin.

Pourquoy, Moufiour ?

D. Juan.

Gourmand infatiable.

Philipin.
Ne me verray-je point encor vn coup à table?

D. Juan.
Ie voudrois que la Mer t'euſt tantoſt confondu.

Philipin.
Nous pouuons bien manger, nous auons aſſez bû;
1035 A quoy tant de diſcours? la tempeſte eſt paſſée.

D. Juan.
Helas! i'en tremble encor à la ſeule penſée;
Voir des gouffres affreux preſts à nous abyſmer,
Voir dans le meſme temps des montagnes de Mer,
Voir tomber deſſus nous des vagues effroyables,
1040 Voir les Cieux entr'ouuers, des feux épouuantables,
Voir éclater la foudre, oüir mugir les flots,
Voir la mort ſur le front de tous les Matelots,
Voir cette impitoyable errer de bande en bande,
La voir faucher par tout, & par tout qui cõmande;
1045 Enfin voir tout périr dans ces triſtes momens
Par la guerre allumée entre les Elemens,
Et ſeuls s'en garentir par la bonté Celeſte,
Et s'en railler apres, t'en doit-on pas de reſte?

Philipin.
Tant s'en faut, ie rends grace à la bonté des flots
1050 De m'auoir mis icy ſain & ſanf: A propos, .
Auez-vous iamais mieux ſauté de voſtre vie?
Dites-moy, ſongiez-vous à Cloris? à Syluie?
A Diane? à Philis?

D. Juan.
Non, tres-aſſeurement.

[42] **Philipin.**
Ma foy, ny moy non plus; mais dites-moy comment
1055 Vous nommez ce Monſieur?

D. Juan.
Qui?

Philipin.
Celuy qui préſide
Avec ſa grande barbe, à l'Element liquide?

1039 vagues] vaguez.   1053 à] a.

D. Juan.

C'eſt Neptune.

Philipin.

Neptune! Et tous ces Mirmidons
Qui cornent denaut luy, qui ſont-ils?

D. Juan.

Des Tritons.

Philipin.

La peſte les étouffe auec leur cornemuſe,
Ils m'ont fait enrager; mais ſi ie ne m'abuſe,   1060
Ces petits fripons là ſçauent tres-bien nager:
Ils vont comme ſur terre au milieu du danger.

D. Juan.

Ha, vous en ſçauez plus que vous n'en voulez dire,
Vous faites l'ignorant.

Philipin.

Eucor faut-il bien rire,
Puis que nous n'avons plus à craindre le péril.   1065

D. Juan.

Tu te feras frotter anccque ton babil.

Philipin.

Ieûner en bien ſeruant, faire le diable à quatre,
Et puis apres cela me menacer à battre!

D. Juan.

C'eſt qu'à n'en point mentir tu te rends importun.

Philipin.

Seruir bien, ſeruir mal, tout cela n'eſt donc qu'vn?   1070

D. Juan.

Donne-moy, ie te prie, un peu de patience.·

Philipin.

Vous m'en priez.

[43]

D. Juan.

Ie veux t'ouurir ma conſcience,
Te dire ma penſée en trois ou quatre mots;
Le péril que ie viens de courir ſur les flots,
Me donne dans le cœur vn repentir extréme,   1075
Car par là ie voy bien que la Bonté ſuprême,

Loin de m'exterminer, me veut tendre la main :
Trauaillons, trauaillons, fans attendre à demain,
Profitons de ces mots les derniers de mon Pere,
1080 Forçons, forçons le Ciel à nous eftre profpere,
Et par des actions qui n'ayent rien de brutal,
Faifons vn peu de bien apres beaucoup de mal.

Philipin.
Le voila repentant, tout de bon.

D. Iuan.
Oüy, mon ame
Ne concéura iamais d'illegitime flâme :
1085 Et ie veux deformais que les Cieux ennemis
Me puiffent écrazer . . . .

Philipin.
S'il ne fait encor pis.

D. Iuan.
Que dis-tu ?

Philipin.
Rien du tout, feulement i'examine
Le fouuerain pouuoir de la Bonté Diuine,
Que de Diable vous fait Ange·en vn feul moment,
1090 Et qui produit en vous vn fi prompt changement.

D. Iuan.
Ce font des coups du Ciel qu'on ne fçauroit comprendre
Rentrons, i'entens du bruit.

Philipin.
Allons nous faire pendre.

SCENE III*).

PHILEMON, PHILIPIN, D. JUAN.

Philemon.
Monfieur, le juft'au corps que vous anez laiffé . . . .
[44] **Philipin.**
Noftre Hofte, qu'auez-vous ? vous eftes bien preffé !

---
*) Scene III] ACTE III.

Philemon.

Eſt tout ſec, vous pouuez le veſtir tout à l'heure.   1095

Philipin.

Mon Caſtor l'eſt auſſi?

Philemon.
Tout eſt bien, ou ie meure.

Philipin.

Rentrons en cet eſtat, ne nous laiſſons pas voir.

SCENE IV.

BELINDE, ORIANE.

Belinde.

Ma Mere, ſans mentir, preſſe trop mon deuoir.

Oriane.

Mais l'on en penſe mal.

Belinde.
Où ie ſuis ſans offenſe,

Il m'importe fort peu de ce que l'on en penſe: 1100
Hé bien! i'aime Damon, & Damon m'aime auſſi,
Vne Mere doit-elle en prendre de ſoncy?
I'en vſe comme il faut; il n'a point ſur mon ame
Le credit de m'anoir fait répondre à ſa flâme;
Ie regle me deſirs, & ie ne ſçay comment   1105
On a pû deuiner qu'il eſtoit mon Amant.

Oriane.

Il eſt ie ne ſçay quoy dans l'amoureux myſtere
Qui ſe découure aſſez, bien qu'on tâche à le taire;
Ma Mere me diſaut vn ſoir aupres du ſeu
Que l'amour ne peut pas ſe cacher, ou bien peu;   1110
Que l'Amant bien ſouuent, lors que moins il y penſe,
N'eſt pas auec ſoy-meſme en bonne intelligence;
Tout le trahit, on voit en luy des mouuemens
Qui ne s'accordent pas auec ſes ſentimens;
Il paroiſt interdit, ſes diſcours ſont ſans ſuite,   1115
Tout ce qu'il fait paroiſt ſans ordre, & ſans côduite:
On le ſurprend ſouuent ſur des yeux radoucis,
[15] On luy voit des langueurs, on luy voit des ſoucis.

On voit couler des pleurs, il eſt mélancolique,
1120 Tout objet luy déplaiſt, hors celuy qui le pique;
Mais dés qu'il peut auſſi le voir, & luy parler,
Soûpirs, pleurs, & foncis, s'éuaporent en l'air;
Il n'en paroiſt pas-vn, &· ſon cœur, ce luy ſemble,
Pâme d'aiſe & d'amour autant qu'ils ſont enſemble;
1125 Il voudroit expirer dans ce rauiſſement.
Voila, ma chere Sœur, ce qu'on dit de l'Amant;
Et fi l'on tient encor pour verité conſtante,
Que l'Amant eſt beaucoup moins touché que l'Amãte.

Belinde.

Ma Compagne, vrayment, à vous oüir parler,
1130 A fi bien de l'amour les ſignes étaler,
En deduire fi bien toutes les circonſtances,
Vous en deuez auoir de grandes connoiſſances.

Oriane.

Point, ce que i'en ay dit n'eſt qu'vn diſcours en l'air.

Belinde.

Sans doute vous aimez.

Oriane.

Qui? moy? pluſtoſt brûler.

Belinde.

1135 Mais de quel feu?

Oriane.

Du Ciel.

Belinde.

Mais de celuy d'Euandre.

Oriane.

C'eſt donc vn feu caché deſſous beaucoup de cendre.

Belinde.

Il eſt vray, car il eſt diſcret au dernier poinct.

Oriane.

Parlez plus clairement, ie ne vous entends point.

Belinde.

1140 Quoy! voſtre ame d'amour n'eſt pas préoccupée?

Oriane.

Pour Euandre! ah ma Sœur!

Belinde.

M'auroit-on bien dupée?

[46]   Et me prendroit-on bien pour vn tymbre feflé,
A laiffer échaper ce qu'on m'a réuelé?
                    Oriane.
Nõ, nõ, ma Sœur, croyez que pour l'amour d'Euãdre
Ie ne m'emprefferay iamais à m'en defendre;
Mais pour n'abufer pas ny du temps, ny de vous,   1145
Il ne fçauroit iamais deuenir mon Epoux.
                    Belinde.
C'eft dõc que vos parens y mettẽt quelque obftacle?
                    Oriane.
C'eft que pour les fléchir il faudroit vn miracle.
                    Belinde.
Quoy! vous faites la fine! ah vrayment! vous verrez
Iufqu'où va ma colere, & vous l'éprouuerez.   1150
A vous que ie croyois la meilleure du monde,
A vous pour qui mon ame ouuerte, & fans feconde,
N'auoit rien de fecret, ny rien de referué,
A qui i'ay dit d'abord ce qui m'a captiué,
Vous cachez voftre cœur!
                    Oriane.
                    Ah ma chere Compagne!   1155
Parmy le déplaifir qui toûjours m'accompagne,
Ie fuis inconfolable, vn Pere eft contre moy,
Vn que ie n'aime point me veut faire la loy,
Et ie me voy reduite à ce malheur extréme
De haïr tout le monde, & me haïr moy-méme,   1160
                    Belinde.
Voftre œil frippon le porte à cette extremité.
                    Oriane.
Non, non, pour luy mon œil n'a que de la fierté;
Mais parce qu'il eft riche, & qu'il a force terre;
Il faut que ie me liure vne immortelle guerre,
Que ie fois malheureufe, & me facrifier   1165
Pour les plaifirs d'vn fot qui fe veut marier.
Non, ie n'en feray rien,
                    Belinde.
                    Helas! ma chere amie,
On m'attache de mefme à mon antipathie;

1146 iamais] iamas.

Et parce que Damis a fçen gagner l'efprit
1170 De ma Mere qui croit ce que ce fol luy dit,
[47] Sans aucun contredit, fans aucune replique,
Il faut que ie l'époufe.

Oriane.
Ah! pouuoir tyrannique!

Belinde.
Damis eft affeuré pour moy qu'il ne tient rien.

Oriane.
I'en dis autant d'Orcas, & me ris de fon bien.

Belinde.
1175 Changeons donc de difcours; Aminthe eft mariée,
Ie m'en vais au feftin.

Oriane.
Ie n'en fuis pas priée;
Car ie croy qu'aujourd'huy mon Tyran obtiendra
Ce qu'il veut de mon Pere, & qu'il m'époufera;
Et ie doy, malgré moy, confentir & promettre.

Belinde.
1180 Mon cher Damon me donne aduis par cette Lettre
Qu'il efpere bien-toft de flechir mes parens;
Mais ie voy peu d'efpoir de vaincre nos Tyrans.

Oriane.
Refferrons, i'apperçoy quelqu'vn qui s'achemine.

Belinde.
C'eft vn Monfieur fort brave, & de fort bône mine.

SCENE V.

D. JUAN, PHILIPIN, BELINDE, ORIANE.

D. Juan.
1185 Oüy, mon cher Philipin, c'eft vn poinct arrefté,
Ie m'impofe aujourd'huy cette neceffité . . . .

Philipin.
Quelle neceffité?

D. Juan.
De détefter le vice,
De fuir la violence, abhorrer l'injuftice;

Et fi la Beauté mefme ofoit en cet inftant
Venir fe prefenter à mon cœur repentant,   1190
[48] Tu verrois . . . . tu verrois fi les objets me tentent . . . .
Mes Dieux! quelles Beautez à mes yeux fe prefentẽt?

Philipin.

Monfieur, fougez-vous bien . . . .

D. Iuan.

               Tay-toy; que fait ainfi
'honneur de la Contrée?

Oriane.

           O Dieux! fortons d'icy.

D. Juan.

emeurez.

Belinde.

       Voulez-vous nous faire violence?   1195

Philipin.

Vous ne fougez donc plus à voftre repentance?

D. Juan.

Non, ie veux contenter ma curiofité.

Oriane.

Dépefchez; noftre temps, Monfieur, eft limité,
Il nous faut viftement retourner au Village.

D. Juan.

Ah! que facilement vn pauure cœur s'engage   1200
A l'abord impréueu de fi grandes beautez.

Belinde.

Eft-ce là tout, Monfieur? ah! vous nous en contez;
Allons, ne tardons pas en ce lieu dauantage.

Philipin.

Monfieur, les Matelots, les écueils, le naufrage? . . . .

D. Iuan.

Ie n'ay iamais rien veu de fi beau que tes yeux.   1205

Philipin.

Les vents . . . .

D. Ivan.

Ah! que les tiens ont des traits radieux!

Philipin.

La tempeſte . . . .

D. Ivan.

Ta taille eſt charmante au poſſible.

Philipin.

Les tonerres . . . .

[49] **D. Ivan.**

Pour toy ie ſuis extrémement ſenſible.

Philipin.

Les Elemens . . . .

D. Ivan.

Tay-toy, male-peſte du ſot!

Oriane.

1210 Il vous en faut donc bien, Monſieur?

D. Ivan.

Encore vn mot.

Bergeres à mes yeux cent fois plus adorables . . . .

Philipin.

Eſt-ce craindre les Dieux, que d'adorer les Diables?

D. Ivan.

Ah! c'eſt trop, ſouuiens-toy qu'vn inſolent diſcours
Fait de ce meſme jour le dernier de tes jours.

Belinde.

1215 Mais apres tout, Monſieur, que voulez-vous nous dire?

D. Iuan.

Qu'il faut vous diſpoſer à finir mon martire,
A m'eſtre fauorable, & dans ce meſme jour
Payer de vos faueurs mon véritable amour.

Oriane.

Ah! juſtes Dieux! qu'entens-je?

Belinde.

Ah Ciel! ſois nous proſpere

Oriane.

1220 Euandre!

Belinde.

Cher Damon!

poffble.

nent fenfible.

core vn mot,
ables . . . .

ent difcours
s jours.

us nous dire?

mire,
jour
our.

fois nous prof

Oriane.

Au fecours, mon cher Pere,
Tu n'obtiendras iamais ce que tu veux de moy.

Philipin.

Tu feras donc bien fine ; ah Dieux ! Monfieur.

D. Iuan.

Et quoy ?

Philipin.

I'entens du bruit.

[50]   ### D. Juan.

Comment ! vous fuyez, rigoureufes !
Mais il faut contenter mes flâmes amoureufes.

Philipin *feul.*

Ie ne fçay tantoft plus de quel cofté tourner.   1225
Mais dois-je encor icy bien long-temps fejourner ?
Le grãd Diable à fon col puiffe emporter le Maiftre ;
Sauuons-nous, auffi bien ie voy quelqu'vn paraiftre,
Encor ne faut-il pas ainfi l'abandonner,
Comme il eft prompt à battre, il l'eft à pardonner.   1230
La voicy de retour, la pauurette éplorée,
Ne l'effarouchons point, elle eft defefperée.

SCENE VI.

ORIANE, PHILIPIN.

Oriane.

Ah ! ma chere Compagne ! ô Ciel trop rigoureux !
Tu méritois fans doute vn deftin plus heureux :
Helas ! où la trenner ? fa perte eft affeurée,   1235
Le malheureux qu'il eft l'aura def-honorée ;
Mais de peur de tomber dans des malheurs fi grands,
Je vay me raffeurer auprès de mes parens ;
Là ie ne craindray point que fa brutale envie
Attente à noftre honneur, non plus qu'à noftre vie.   1240
Mais quel eft ce Valet ? ah bons Dieux ! c'eft celuy
De ce traiftre qui m'a voulu perdre aujourd'huy.

Philipin.

Ne craignez rien.

Oriane.

Helas!

Philipin.

Vous anez peur, peut-eftre?

Allez, ie ne fuis pas fi diable que mon Maiftre,

1245 Il s'en faut la moitié pour le moins.

Oriane.

Laiffez-nous.

Philipin.

Hé! qui diable vous tient?

[51]   **Oriane.**

Enfin que voulez-vous?

Philipin.

Moy, ie veux compâtir à vos malheurs extrémes.

Oriane.

Les pitoyables Dieux par leurs boutez fuprémes . . . .

Philipin.

Ou bien ie vay pleurer, ou bien ne pleurez pas.

Oriane.

1250 J'aimerois mieux fouffrir mille fois le trépas.

Philipin.

Mais qu'auez-vous donc fait de cette autre Bergere.

Oriane.

Ah! ie croy qu'à prefent elle fe defefpere.

Son cher Damon deuoit l'époufer aujourd'huy,

Mais fçachant fon malheur il en mourra d'ennuy.

Philipin.

1255 La confolation de tous les miferables,

Comme dit le Prouerbé, eft d'auoir des femblables;

Si cela n'eft point faux, qu'elle feche fes pleurs,

D'autres ont eu par luy de femblables malheurs;

J'en connoy plus de cent; Amarille, Cephife,

1260 Violante, Marcelle, Amaranthe, Belife,

Lucrece qu'il furprit par vn détour bien fin,

Ce n'eft pas celle-là de Monfeigneur Tarquin;

1246 voulez-vous] voulez-zous.

Policrite, Aurelie, & la belle Joconde,
Dont l'œil fçait embrazer les cœurs de tout le mõde;
Pafithée, Auralinde, Orante aux noirs fourcis,   1265
Berénice, Arethufe, Aminthe, Anacarfis,
Nerinde, Doralis, Lucie au teint d'albâtre,
Qu'apres auoir furprife il battit comme plâtre:
Que vous diray-je encor? Mélinte, Nitocris,
A qui cela coufta bien des pleurs, & de cris;   1270
Perrette la boiteufe, & Margot la camufe,
Qui fe laiffa tromper comme vne pauure bufe;
Catin qui n'a qu'vn œil, & la pauure Alizon
Auffi belle, & du moins d'auffi bonne maifon;
Claude, Fanchon, Paquette, Anne, Laure, Ifabelle,   1275
Jaqueline, Suzon, Benoifte, Peronnelle;
Et fi ie pouuois bien du tout me fouuenir,
De quinze jours d'icy io ne pourrois finir.

[52] *Icy il jette vn papier roulé où il y a beaucoup de noms de Femmes écrits.*

Et bien, que dites-vous maintenant de mon Maiftre?
Oriane.

Ie dis que c'eft vn lâche, vn fcelerat, vn traiftre.   1280
Philipin.

Mais bon aux Dames.
Oriane.

        Mais vn Mouftre en trahifon,
Dont la Iuftice enfin me va faire raifon:
Ie n'en puis plus, fortons de ce lieu fi funefte.
Philipin.

Ie ne fuis pas gourmand, ie prendray bien fon refte.
Où diable maintenant pourra-t'il fe cacher?   1285
En quelque part qu'il aille, il faudra le chercher.
Sur l'eau, ie n'en veux pas analer dauantage;
Sur la terre, il n'eft point de Bourg, ny de Village,
De grottes, ny de trous propres à nous fauuer,
Où les chiens de Preuofts ne nous viennent tronner;   12
Enfin point de Chafteau, de Ville, de Prouince,
Où l'on puiffe éuiter les recherches du Prince;

1264 de] du.

Ainſi pour bien conclure, & c'eſt fort bien conclu,
Il ne peut éuiter d'eſtre bien-toſt pendu.
1295 Le voicy qui renient; quelle face effroyable!
Il porte au front la marque & la griffe du Diable.

SCENE VII.

D. JUAN, PHILIPIN.

D. Ivan.

Philipin.

Philipin.

Quoy, Monſieur?

D. Juan.

Sortons d'icy, ſortons.

Philipin.

I'en voudrois eſtre hors.

D. Juan.

Mais viſte, & nous bâtons,
[53] Nous n'auons plus affaire en ces lieux dauantage.

Philipin.

1300 Vous déuriez y reſter, car vous y faites rage.

D. Juan.

Tay-toy, ne me vien pas d'aujourd'huy raiſonner;
Dans ce maudit climat tout me fait friſſonner.
Ta raillerie enfin me mettroit en colere,
Flate mes ſens plutoſt, et me dy que mon Pere
1305 Eſtoit par trop cruel, qu'Amarille eut grand tort,
Qu'vn peu de complaiſance eut arreſté la mort
De ſon Pere qui fut trop ardent à me ſuiure;
Ajouſte que Philippe a dû ceſſer de viure
Auſſi-toſt que i'ay veu ſon épée en ma main,
1310 Dy que mon mouuement a paru trop humain;
Enfin dy-moy pour tant de Beautez enleuées,
Que l'on m'auroit blâmé de les auoir ſauuées;
Et ſi tu veux aider à mes contentemens,
Appronne mes deſſeins, & ſuy mes mouuemens.

SCENE VIII.

L'OMBRE DE D. PEDRE à Cheual fur fa Sepulture,   1315
D. JUAN, PHILIPIN.

Philipin.

Monfieur, voyez-vous bien?

D. Ivan.

C'eft vne Sepulture.

Philipin.

Ah Monfieur! quel fantôme?

D. Juan.

Il faut voir la fculture.

Voir qui c'eft.

Philipin.

Ah! Monfieur.

D. Juan.

Ces mots nous l'apprendront.

Philipin.

Prenez garde, Monfieur, il vous regarde au front.

[54]   **Epitaphe.** *D. Jüan lit.*

Dom Pedre, l'ornement & l'honneur de Seuille,   1320
  Repofe deffous ce Tombeau,
Traiftrement maffacré dans le cœur de fa Ville;
  Dom Jüan en fut le Bourreau.
Paffant, apprens icy que les plus creux abyfmes   1325
  Sont préparez pour tous fes crimes:
  Qu'il ne peut plus les éuiter,
  Et qu'apres tant d'actes infames
  Déja les eternelles flâmes
  S'alument pour le tourmenter.   1330

Philipin.

Nous le fommes affez, nous fortons de naufrage,
D'où fi nous n'euffions fçeu nous fauuer à la nage,
Nous euffions bû, fans doute, à tous nos bons amis:
Mais, fans doute, Monfieur, c'eft par vos ennemis
Que cette Prophetie eft là-deffous écrite.   1335

D. Juan.

Ou véritable, ou fauffe, enfin ie la dépite:

Faſſent, faſſent les Dieux ce qu'ils ont decreté,
I'oppoſe à leurs Decrets vn eſprit indompté,
Un cœur grand, intrépide, vne ame inébranlable.

Philipin.

Il fait ſigne, Monſieur.

D. Juan.

1340 Fable, mon amy, fable.

Philipin.

Fable, ce dites-vous, c'eſt vne verité.

D. Juan.

Tes yeux ſont ébloüis par la timidité.

Philipin.

Il recommence encor, helas! Monſieur, de grace,
Souffrez que i'abandonne vn moment cette place,
1345 Que ie ne meure pas ſans renoir mes parens.

D. Juan.

Ce ſont là de ta peur des ſignes apparens.

Philipin.

Ah! Monſieur, prenez garde, il a branlé la teſte.

[55] #### D. Juan.

Dy luy qu'vn cœur qui ſçait mépriſer la tempeſte,
1349 Ne craint pas vn eſprit qui n'a plus de pouuoir:
Que s'il veut prẽdre vn corps, s'il veut me venir voir
Que ce ſoir ie luy donne à ſouper à ma table,
Et que ie luy reſerue vn mets fort delectable;
Qu'vne ſeconde fois ie ſeray ſon vainqueur,
1355 Et que ie ſuis vn homme incapable de peur.

Philipin.

Mon Maiſtre!

D. Juan.

Dépeſchons viſtement.

Philipin.

Ah! ie tremble.

D. Juan.

Faites ce que ie dis.

Philipin.

Mais raiſonnons enſemble.

D. Juan.

Raifonnement à part; faifons, car ie le veux.

Philipin.

Monfieur.

D. Juan.

Quoy!

Philipin.

Regardez hériffer mes cheneux.

D. Iuan.

Quand tu deurois mourir cent fois, il le faut faire.

Philipin.

Et bien, Monfieur, & bien, il vous faut fatisfaire   1360
Efprit fi bien monté deffus ton grand cheual,
Qui m'as fait jufqu'icy plus de peur que de mal,
Qui ne m'en feras pas, s'il te plaift, dauantage;
Mon Maiftre Dom Jüan échappé du naufrage,
Qui depuis ce temps là n'a ny bû, ny mangé,   1365
Ny fon Valet non plus, m'a dit, & m'a chargé,
De te venir prier en toute réuerence
De fouper auec luy, ie feray la dépenfe;
Et fi tu veux venir fans me faire de peur,
Ie te feray grand chere, & boire du meilleur.   1370
[56] Il dit qu'il y viendra.

D. Iuan.

Il le dit?

Philipin.

Il me femble,

Monfieur, qu'il a parlé.

D. Juan.

Bien nous boirons enfemble,
Portons encor la voix au fonds de fon cercueil.
Efprit.

Philipin.

Il me regarde, il fait figne de l'œil.
Mais comment viendra-t'il? fçait-il noftre demeure?

D Juan.

Dy luy qu'il peut venir au plus tard dans vne heure.
Dans cette Hoftellerie, à deux cens pas d'icy.

5 *

Philipin.

Ombre, viendrez-vous pas! dites.

L'Ombre.
Oüy.

Philipin *en tombant.*
Grand mercy.

Fin du quatriéme Acte.

ACTE V.

SCENE PREMIERE.

D. JUAN, PHILIPIN.

D. Juan.

Philipin.

Philipin.
Monſeigneur.

D. Iuan.
Viendras-tu pas tantoſt?

1380 Voicy l'heure, & noſtre Ombre arriuera bien-toſt.
Dépeſchons.

[57]　　　　**Philipin.**
Tout eſt preſt, le ſouper eſt ſur table,
Les verres ſont lauez, le vin eſt délectable,
Les mets ſont ſauoureux.

D. Iuan.
Noſtre Eſprit inuité
Penſes-tu qu'il en mange?

Philipin.
Il ſeroit bien gâté!

1385 Mais ſi quelque Démon affamé d'auanture,
De ce Fantôme affreux reueſtoit la figure,
Et qu'vn Mort, mort de faim, nous vint tout aualer...

D. Ivan.
Sans perdre icy le temps à ſottement parler,
Tu ferois beaucoup mieux de pouruoir à tout.

Philipin.

Pefte,

Vous eftes affeuré que i'en auray de refte,   1390
Si ce que i'appréhende enfin n'arriue point.
Mais, Mõfieur, regardõs vn peu de poinct en poinct,
Et ce que vous ferez, ou ce qu'il faudra faire;
Moy qui ne me treuuay iamais à tel myftere,
Quand cet Esprit viendra, ie voudrois bien fçauoir   1395
Comment il faut agir pour le bien receuoir;
Car ie croy qu'il faut bien auoir plus de faconde
Auec les Trépaffez, qu'auec ceux de ce monde.

D. Iuan.

Philipin, ie verray ce Fantôme odieux
Auec le mefmc front, auec les mefmes yeux,   1400
Que quand trop emporté de colere & de rage
Il vint à fes defpens éprouuer mon courage:
Ie l'enuifageray de la mefme façon.

Philipin.

Mais encor vne fois, fi c'eftoit vn Démon
Qui d'abord de fon fouffle empoifonnât la viande,   1405
Où diable en trenner d'autre?

D. Iuan.

Agreable demande!
Conception vrayment digne de ton efprit!
Ton fot raifonnement & me choque & m'aigrit.
[58] Tay-toy.

Philipin.

Monfieur, fouffrez que ie parle à cette heure,
Car ie ne fouffleray pas tantoft, ou ie meure: 1410
A propos, fommes-nous ceans en feureté?
Car, Monfieur, pour ne pas celer la verité,
Dans vn lieu découuert, fi proche de la Ville,
Il eft prefque impoffible, ou du moins difficile,
D'y pouuoir demeurer long-temps fans eftre pris;   1415
Et i'aimerois mieux eftre au pouuoir des Efprits,
Qu'en celuy du Préuoft, & de fes Satelittes,
Ces Valets de Bourreau qui font les hypocrites,

1392 vn peu | vu peu.

Qui, vous ont-ils poſé la main ſur le colet,
1420 En diſant, ie t'agrippe, adieu pauure valet,
Grippé, pris, & conduit au haut de la potence,
'Vn petit ſaut ſur rien au bout de la cadence,
Voila, fi le hazard ne détourne ſes coups,
Dans demain au plus tard comme on fera de nous.

D. Iuan.

1425 Il faut bien te reſoudre à trouuer pis encore,
A me ſuiure par tout, car demain dés l'Aurore
Ie veux eſtre à Seuille, & voir mes ennemis;
Oüy, ie veux dans l'eſtat où le Deſtin m'a mis,
Les brauer tous enſemble, & leur faire connaiſtre
1430 Que Dom Iüan n'a point le viſage d'vn traiſtre,
Et qu'il porte par tout, ſans craindre le danger,
Vn cœur inébranlable, & qui ne peut changer.
Tu t'en iras denaut annoncer ma venuë.

Philipin.

Vous reſvez tout de bon, vous anez la berluë;
1435 A Seuille, Monſieur?

D. Juan.

A Seuille, faquin.

Philipin.

Et quand partir encor?

D. Juan.

Demain dés le matin.

Philipin.

Il faut donc en ma place aduertir vn Trompette;
Car par prédiction que l'on m'a tantoſt faite,
[**59**] Il eſt dit que ie doy trépaſſer aujourd'huy;
1440 Ainſi ie ne croy pas pouuoir eſtre celuy
Qui doit dedans Seuille annoncer....

D. Juan.

Comment, traiſtre!

Eſt-ce ainſi qu'vn Valet obeït à ſon Maiſtre?

Philipin.

Un Mage encor m'a dit, fi i'ay bien entendu,
Si ie ſortois demain, que ie ſerois pendu.

D. Juan.

Tu te plais donc bien fort ceaus?

    Philipin.

       Mieux qu'à Seuille.   1445

    D. Iuan.

L'air des champs . . .

    Philipin.

    Eſt plus doux que celuy de la Ville.
Mais ne voulez-vous pas manger?

    D. Juan.

      Attends, gourmand,
Noſtre Ombre doit venir bien-toſt, ie croy.

    Philipin.

       .Comment?
S'il ne venoit donc pas, nous aurions bel attendre!

    D. Juan.

Mais qui te preſſe tant? ie ne m'en puis defendre,   1450
Pour en auoir raiſon, il le faut contenter.

    Philipin.

Je me contenteray ſeulement d'en taſter.

    D. Juan.

Mais quoy! mangeras-tu deuant que l'Ombre mange?

   Philipin *en voyant la table.*

Ne mangerois-je point? cela ſeroit étrange?
Ie veux manger deuant; car dûſſay-je enrager,   1455
Ie ne toucheray pas ce qu'il voudra manger.

    D. Juan.

Mangés. Que diras-tu maintenant de ton Maiſtre?
Diras-tu point qu'il eſt . . . .

   Philipin *à table.*

    Le meilleur qui peut eſtre.

[60]   **D. Juan.**

Me ſeruiras-tu bien doreſnauant?

    Philipin.

      Des mieux.

D. Juan.

1460 T''expoſeras-tu pas pour moy?

Philipin.

Iusques aux yeux.

D. Juan.

Et s'il eſt queſtion . . . .

Philipin.

Je feray . . . .

D. Juan.

Quoy?

Philipin.

Merueilles.

Mais écoutons, vn bruit a frappé mes oreilles.
Quelqu'vn heurte à la porte, obligez moy de voir
Qui vient nous interrompre.

D. Juan.

Allez, fat, le ſçauoir.

Philipin *à genoux.*

1465 Monſieur, puis que ma mort eſt choſe indubitable,
De grace, permettez que ie meure à la table.

D. Juan.

Prenez cette chandelle, & voyez . . . .

Philipin.

Ah Monſieur!

Quel plaiſir aurez-vous quand ie mourray de peur?

D. Juan.

Quoy, poltron! au beſoin vous manquez de courage.

Philipin.

1470 I'en ay paſſablement; mais à preſent i'enrage
D'eſtre ſi negligent, & n'anoir pas le ſoin
D'en conſeruer aſſez pour ſeruir au beſoin.

[61]   S C E N E II.

L'OMBRE, D. JUAN, PHILIPIN.

D. Juan.

Suy, fuy, poltron, & vois auec quelle aſſeurance . . . .

Philipin.

Ne me battra-t'il point pour mon irreuerence?
Pardonne, grand Efprit, à l'inciuilité   1475
Qui m'a fait denaut toy faire brèche au pafté.
Quelle démarche graue!

D. Juan.

Ho, Philipin, vn fiege.
Tu fois le bien-venu.

Philipin *en mettant le fiege fous l'Ombre.*

Juftes Dieux! que feray-je?
L'Ombre, ou moy, fentons mal.

D. Juan.

Taifez-vous, Philipin,
Ie t'attends de pied ferme, & ce petit feftin   1480
N'eft pas à dire vray comme ie le fouhaite:
Pour dire tout auffi, cette panure retraite
Où tu vois que ie fuis fort mal commodément,
Fait que ie ne puis pas te traitter autrement.

L'Ombre.

Ny tes mets plus exquis, ny ta meilleure chere,   1485
N'eft pas ce que de toy prefentément i'efpere;
Ie viens voir fur le poinct de ta punition,
Si tu ne feras point quelque reflexion;
Si ta langue & ton cœur ne feront point capables
D'abjurer aujourd'huy des crimes déteftables   1490
Qui fement la frayeur par tout en ce bas lieux,
Qui font cacher d'horreur les Aftres dans les Cieux,
Et qui ne veulent plus éclairer fur la terre,
Que tu ne fois vinant écrafé du Tonnerre.
Songe, enfant miferable, à tout ce que tu fais,   1495
Songe à l'énormité de tes moindres forfaits;
Repaffe en ta memoire, ô cruel homicide!
Ce qu'eft deuant les Dieux vn fanglant parricide.
Un impie exécrable, & quel au Tribunal
[62]   Doit paroiftre à leurs yeux vn enfant fi brutal;   1500

1478 bien-venu] bién-venu.   1493 la terre] tetre.

D. Juan.

1460 T'expoferas-tu pas pour moy?

Philipin.

Iusques aux yeux.

D. Juan.

Et s'il eft queftion . . . .

Philipin.

Je feray . . . .

D. Juan.

Quoy?

Philipin.

Mcrueilles.

Mais écoutons, vn bruit a frappé mes oreilles.
Quelqu'vn heurte à la porte, obligez moy de voir
Qui vient nous interrompre.

D. Juan.

Allez, fat, le fçauoir.

Philipin à *genoux.*

1465 Monfieur, puis que ma mort eft chofe indubitable,
De grace, permettez que ie meure à la table.

D. Juan.

Prenez cette chandelle, & voyez . . . .

Philipin.

Ah Monfieur!

Quel plaifir aurez-vous quand ie mourray de peur?

D. Juan.

Quoy, poltron! au befoin vous manquez de courage.

Philipin.

1470 I'en ay paffablement; mais à prefent i'enrage
D'eftre fi negligent, & n'auoir pas le foin
D'en conferuer affez pour feruir au befoin.

[61]   S C E N E II.

L'OMBRE, D. JUAN, PHILIPIN.

D. Juan.

Suy, fuy, poltron, & vois auec quelle affeurance . . . .

Philipin.

Ne me battra-t'il point pour mon irreuerence?
Pardonne, grand Efprit, à l'inciuilité   1475
Qui m'a fait deuant toy faire brèche au pafté.
Quelle démarche graue!

D. Juan.

Ho, Philipin, vn fiege.
Tu fois le bien-venu.

Philipin *en mettant le fiege fous l'Ombre.*

Juftes Dieux! que feray-je?
L'Ombre, ou moy, fentons mal.

D. Juan.

Taifez-vous, Philipin,
Ie t'attends de pied ferme, & ce petit feftin   1480
N'eft pas à dire vray comme ie le fouhaite:
Pour dire tout auffi, cette panure retraite
Où tu vois que ie fuis fort mal commodément,
Fait que ie ne puis pas te traitter autrement.

L'Ombre.

Ny tes mets plus exquis, ny ta meilleure chere,   1485
N'eft pas ce que de toy prefentément i'efpere;
Ie viens voir fur le poinct de ta punition,
Si tu ne feras point quelque reflexion;
Si ta langue & ton cœur ne feront point capables
D'abjurer aujourd'huy des crimes déteftables   1490
Qui fement la frayeur par tout en ce bas lieux,
Qui font cacher d'horreur les Aftres dans les Cieux,
Et qui ne veulent plus éclairer fur la terre,
Que tu ne fois vinant écrafé du Tonnerre.
Songe, enfant miferable, à tout ce que tu fais,   1495
Songe à l'énormité de tes moindres forfaits;
Repaffe en ta memoire, ô cruel homicide!
Ce qu'eft deuant les Dieux vn fanglant parricide,
Un impie exécrable, & quel au Tribunal
[62]   Doit paroiftre à leurs yeux vn enfant fi brutal: 1500

1478 bien-venu] bién-venu.   1493 la terre] tetre.

Songes-y meurement, car ton terme s'approche,
Ie le fens, & le bras de la Iuftice eft proche,
Qui doit en vn feul coup punir tous tes forfaits,
Mais d'horribles tourmens à ne finir iamais.
1505 M'entens-tu?

D. Iuan.

Ie t'entens, mais pour cela mon ame
S'épouuante auffi peu des horreurs de la flâme,
De tes tourmens prédits, ny du fer, ny du feu,
En vn mot, tout cela m'épouuante fi peu,
Et ie me fens fi peu touché de ta menace,
1510 Que ie le ferois plus du moindre vent qui paffe.
Tu crois m'intimider à force de parler,
Mais apprens que mon cœur ne fe peut ébranler.

L'Ombre.

Tu préfumes peut-eftre, & tu te perfuades,
Que les Efprits des Morts font des Efprits malades,
1515 Qui dépoüillez des corps, le font de la raifon;
Mais apprens, ignorant, qu'il n'eft point de faifon
Où l'efprit d'vn mortel ait plus de connoiffances,
C'eft là qu'il voit d'enhaut les juftes récompenfes
Que l'on octroye aux bons; c'eft là qu'il voit dequoi,
1520 L'on forge le fupplice aux mefchans comme toy.
Le tien eft preft, perfide, & mon ame affligée
Se verra dans ce jour & contente & vengée.

D. Iuan.

Vengée, ou non; mon cœur, apres ce qu'il t'a dit,
Ne peut iamais fouffrir ny remords, ny dédit;
1525 I'ay contenté mes fens, & pour ne te rien taire,
Ie le ferois encor s'il eftoit à refaire.
Mais fupprimons icy toute animofité,
Ie vay prendre ce verre, & boire à ta fanté.
Ho Philipin!

Philipin.

Monfieur.

D. Iuan.

A toy, ie te la porte.

1504 finir] finer.

Philipin.

Moy! ie ne boiray plus, ou le Diable m'emporte.   1530

[63]   ### D. Juan.

Dy donc à noſtre Eſprit qu'il me faſſe raiſon.

Philipin.

Vous vous moquez, Monſieur.

D. Juan.

           Je parle tout de bon.

Philipin.

Oüy, les Morts boiuent-ils?

D. Juan.

           Et bien, dy luy qu'il mange,

Et puis tu chanteras des Vers à ſa loüange.

Philipin.

Ah! vous auez deſſein de me faire enrager?   1535

A t'on iamais veu Mort ny boire, ny manger?

D. Iuan.

Et bien, approche donc, & me tiens compagnie.

Philipin.

A moy n'appartient pas tant tant de brauerie.

Eſprit, ſi vous vouliez vn peu vous ſubſtanter . . . .

L'Ombre.

Ah! i'ay bien d'autres mets dont ie m'en vay gouſter,   1540

Ils feront eternels, mais ce bien périſſable

Ne durera qu'autant que tu feras à table.

D. Iuan.

Et bien, à ce defaut, prens ton Luth, Philipin.

Philipin.

Mon Luth n'eſt pas d'accord.

D. Juan.

           Dépeſchez-vous, faquin,

Il faut bien régaler l'Ombre de quelque choſe.   1545

Philipin.

Dites moy, chanteray-je en Vers ou bien en Proſe?

D. Juan.

Dy ces Vers que tu fis quand ie me dérobay . . . .

Philipin.

Ceux qui ſont ſur le chant de Pyrame & Thiſbé:
Ie les veux bien.

D. Juan.

Sur tout, chante luy ma victoire,
1550 Tu pourras à loiſir apres manger et boire.

[64]   **Philipin.**

Ombre, écoutez, ie veux chanter
Les amours de Dom Jüan mon Maiſtre.
On l'a veu bien ſouuent monter
Par les grilles d'vne feneſtre ;
1555   *De là paſſer dans la maiſon,*
Non ſans armes, mais ſans chandelle,
Où ſouuent de mainte pucelle
Le drôle a bien eu la raiſon.

D. Iuan.

Ombre, qu'en dites vous? la chanſon eſt gentile!
1560 Chante vn peu le combat gagné ſur Amarille.

L'Ombre *ſe releuant & ſe laiſſant rechoir.*

Ah!

D. Juan.

Quoy! n'es-tu venu pour autre choſe icy?
Tu peux nous dire adieu bien-toſt, & grand mercy.

Philipin.

Monſieur, c'eſt fort bien dit, qu'il aille à tous les diables,

L'Ombre.

Miſerable Valet entre les miſerables.

Philipin *ſe mettant à genoux.*

1565 Helas! Monſieur l'Eſprit, ie ne vous ay rien fait ;
Ayez pitié de moy.

L'Ombre.

Malheureux en effet,
De ſuiure aueuglément les débauches d'vn Maiſtre . . .

―――――――――

1548 Pyrame] Pryame.

Philipin.

Helas! vous dites vray.

L'Ombre.

Plus perfide, & plus traiſtre
Que tous les ſcelerats.

Philipin.

Ie luy dis tous les jours.

L'Ombre.

Qui l'as toûjours ſerny dans ſes ſales amours.   1570

Philipin.

Ombre, ie vous ſupplie, appaiſez ces reproches,
Il a le cœur plus dur mille fois que les roches;
I'ay voulu l'attendrir, mais iamais ie n'ay pû;
[65] I'ay beau luy remontrer, c'eſt vn eſprit perdu
Qui rit de mes leçons.

D. Juan.

Quoy! ſommes nous enſemble,   1575
Pour t'oüir raiſonner?

Philipin.

Helas! Monſieur, ie tremble,
Ie ne raiſonne pas.

D. Juan.

Toy, qui fais le Denin,
Encore que ie ſois fort proche de ma fin,
Aprens que i'ay toûjours quelque mal qui m'accable,
Une ame inébranlable, & de crainte incapable;   1580
Et quand ie toucherois à mon dernier inſtant,
Je te crains auſſi peu mort que i'ay fait vinant.

L'Ombre.

Puis que ton ame enfin eſt ſi bien reſoluë,
Que ſans crainte tu pûs attendre ma venuë,
Je ſuis fort ſatisfait de ta reception;   1585
Mais pour te rendre grace en pareille action,
Je te prie à ſouper.

D. Iuan.

I'iray ſans faute.

L'Ombre.

Efpere

Qu'vn Mort, quoy qu'offencé, te fera bonne chere;
Je t'ay tenu parole en me treuuant icy,
1590 Me tiendras-tu la tienne?

D. Juan.

Oüy fans peur.

L'Ombre.

Grand mercy.

D. Iuan.

Mais où vas-tu m'attendre?

L'Ombre.

Au plus tard dans vne heure
Sur mon propre tombeau.

D. Juan.

Je m'y rends, ou ie meure.
Je veux, puis que le fort enfin me l'a permis,
[66] Mettre la peur au fein de tous mes ennemis;
1595 Et ce Feftin à quoy ma parole m'engage,
Ne fait que d'vn moment retarder mon voyage.

Philipin.

Ah! Monfieur, n'allons point, nous n'en reuiendrons pas.

D. Juan.

S'il y falloit cent fois fouffrir mille trépas,
I'iray, mais de façon à luy faire connaiftre
1600 Que ny les Dieux, ny luy . . . .

Philipin.

Helas! mon panure Maiftre,
Ah! que ie vous ferois maintenant obligé,
Si vous vouliez icy me donner mon congé!

D. Juan.

Suiuez, fuiuez, poltron, ie vous feray paraiftre
Quel homme vous feruez, & quel eft voftre Maiftre.

Philipin.

1605 I'en fers vn ou i'auray bien long-temps attendu,
Ou pour aller au diable, ou pour eftre pendu:
Il faut pourtant fonger à nous, & prendre garde . . . .

SCENE III.

PHILIPIN, MACETTE, LE MARIÉ, LA MARIÉE, PHILEMON.

Philemon.

Meffieurs les Violõs, fonnez-nous la Gaillarde.

Philipin.

Mais qui vient redoubler nos appréhenfions?
Sommes-nous en eftat d'oüir des Violons?   1610
De grace, donnez-nous vn peu de patience,
Nous allons bien tantoft danfer vne autre danfe.

Philemon.

Bon courage, mon Gendre, allons, c'eft en ce jour
Qu'il faut montrer qu'on a du cœur, & de l'amour,
Trois petits pas, vn faut au bout de la carriere;   1615
Allons, Macette, allons, vous demeurez derriere.

Macette.

Je ne fçay qui me tient, ie ne fçaurois marcher;
Ce mariage icy nous couftera bien cher,
[67] Ou ie me trompe fort.

Philemon.

                Vous eftes vne fole.
Prenez voftre Maiftreffe, allons, la capriole;   1620
Sonnez, Fluteurs, fonnez.

Macette.

                Tout-beau, ne flutez pas.

Philemon.

Pourquoy cela? ie veux trépigner le cinq pas;
Qui de nous interrompre à prefent vous oblige?
Flutez, car ie le veux.

Macette.

                Ne flutez pas, vous dis-je.

Philemon.

Vous nous en direz donc à prefent la raifon.   1625

1612 vne | vn.   1619 Ou | Où.

Macette.

I'ay le cœur tout tremblant, il m'a pris vn friſſon
En entrant dans ce lieu.

Philemon.

La raiſon eſt gentille!
Parbleu, ie veux dançer aux nopçes de ma Fille;
Flutez.

Macette.

Ne flutez pas.

Philemon.

Ie vous rompray le cou,
1630 Flutez, ou par ma foy vous n'aurez pas vn ſou.

Macette.

Ne flutez pas.

Philemon.

Flutez, au diable ſoit la beſte!
Mais quelqu'vn viendroit-il icy troubler la feſte?

S C E N E IV.

D. JUAN, PHILIPIN, PHILEMON, MACETTE, LE MARIÉ
LA MARIÉE.

D. Juan *en prenant la Mariée.*
C'eſt à moi que le ſort vous deſtine aujourd'huy.

[68]   **Philemon.**
Vous en auiez menty, voila mon Gendre.

D. Iuan.

Luy?

Philemon.

Luy-meſme.

D. Iuan *en faiſant tomber Philemon & le Marié
d'vn coup de pied.*
1635   Ie le veux, mais c'eſt icy ma Femme.

Philemon.

A l'aide, au Rauiſſeur, courons apres l'infame.

Philipin.

Voila pis que iamais; Quoy! faire tant d'efforts,
Pour moy ie ne croy pas qu'il n'ait le diable au corps.

SCENE V.
PHILEMON, MACETTE, PHILIPIN.

Philemon.

Ah! le Démon l'emporte, adieu, ma panure Fille;
Adieu tout l'ornement de ma panure Famille;   1640
Helas! ie croyois bien m'égaudir aujourd'huy,
Et me voila comblé de malheur & d'ennuy.
Allons, Macette, allons, courons à la Iuftice,
Il faut abfolument que le traiftre périffe;
Allons enfemble, & tous d'vne commune voix   1645
Aux pieds du Gouuerneur . . . .

Macette.

                    Et bien, ie radotois?
I'eftois vne infenfée, & vous m'appelliez fole,
Quand ce malheur préueu me coupoit la parole:
Helas! qu'il valoit mieux fe paffer de dançer.
Et pour ce mariage vn peu moins s'auançer: 1650
Et bien! vous le voyez, voila ma prophetie,
Elle n'eft de tout poinct que trop bien reüffie:
Mais ce n'eft pas aux pleurs qu'il faut auoir recours,
Allons fans plus tarder implorer du fecours,
Il faut tout employer en cette conjoncture.   1655
Mon Gendre, vous auez tant de part à l'injure,
[69]   Et ie vous voy furpris d'vn tel étonnement,
Que vous ne fçauriez pas dire vn mot feulement.

Philipin.

Sans doute, la Iuftice vn peu tard auertie
Aura donné du temps d'acheuer la partie;   1660
Et ie préuoy qu'apres vn pareil accident,
Ton Gendre n'aura pas befoin de curedent.
Mais voicy reuenir noftre enragé de Maiftre.

1652 poinct] point.

SCENE VI.

D. JUAN, PHILIPIN.

Philipin.

Vous pouuez bien chercher quelque trou pour vous mettre ;
1665 Le preuoſt, les Archers, & dix mille Sergens
Le Gouuerneur, ſa Garde, & cent mille Payſans,
Dans vn petit moment s'en vont tous icy fondre ;
Et comme en ce cas là c'eſt à vous à répondre,
Et que ie ſçay fort bien que vous les tuërez tous,
1670 Sans le ſecours d'autruy, ie pren congé de vous.

D. Juan.

Arreſtez là, poltron, il faut pouſſer l'affaire
Iuſques au bout, & voir ce que le ſort peut faire.
Voicy l'heure de voir noſtre Ombre, & de ſçauoir
Si le ſouper eſt preſt.

Philipin.

Et bien, allez-y voir.

D. Juan.

1675 Quoy ! tu ne viendras pas ?

Philipin.

Vous n'anez là que faire
De Valet.

D. Juan.

Inſolent, ie vous feray bien taire.

Philipin.

Les Diables feront là payez pour vous ſervir.

D. Juan.

Ie m'en vay vous ſonder les coſtes à ranir,
[70]   Si vous conteſtez plus.

Philipin.

Voila ma prophetie,
1680 Ie penſois me moquer, mais elle eſt reüſſie.

1679 conteſtez] conteſtes, vielleicht ist contestés die rich-
tigere Schreibung.

Helas! ie vay mourir dans vn petit moment,
Pour fuiure vn malheureux qui perd le jugement.

D. Juan.

Approche, eft-ce pas là?

Philipin.

Moy, ie n'en fçay rien.

D. Juan.

Frape.

Philipin.

A quel propos fraper? & fi l'Efprit m'atrape . . . .

D. Ivan.

Frape.

Philipin.

Pourquoy? l'Efprit ne me demande pas.   1685

D. Ivan.

Frape, c'eft trop parler.

Philipin.

Ah! miferable, helas!
Tu t'en vas, malheureux, en ce péril extréme,
En dépit de la mort, chercher la mort toy-méme,
La Sepulture s'ouure, & l'on voit la table garnie de crapaux,
de ferpens, & tout le feruice noir.

S C E N E VII.

L'OMBRE, D. JUAN, PHILIPIN.

L'Ombre.

Il ne faut point heurter, ie t'ay bien entendu.

Philipin *tombant par terre*.

Ah! ie fuis mort.

D. Iuan.

Tu vois que ie me fuis rendu   1690
A l'affignation, & tenu ma parole.

L'Ombre.

Ecoute donc la mienne, elle n'eft pas friuole,
Et fans doute, elle doit t'imprimer dans le cœur
[71] Des repentirs cuifans pour ton proche malheur.
Mais d'attendre de toy quelque refipifcence,   1695
C'eft vne erreur infigne, vne fole creance,

6 ·

Vn abus manifeſte, & ton eſprit peruers
Détruiroit, s'il pouuoit, l'ordre de l'Vniuers :
Mais aprẽs, malheureux, qu'aujourd'huy les ſuplices
1700 Mettront fin à ta vie ainſi qu'à tous tes vices ;
Le terme en eſt fort proche, & le Ciel qui te voit
En marque le moment auec le bout du doigt.

D. Juan.

Eſt-ce là le Feſtin que tu me voulois faire ?
Eſt-ce de la façon que tu me voulois plaire ?
1705 Et n'as-tu ſouhaité de me voir en ces lieux
Que pour m'entretenir du pouuoir de tes Dieux ?
Si tu veux conferer de choſe plus plaiſante,
De matiere agreable, & plus diuertiſſante,
Ie demeure, ſinon ie vay prendre congé,
1710 A bien d'autres plaiſirs ie me ſuis engagé.

L'Ombre.

Ie ſçay bien que ton corps tient beaucoup à la terre,
Malheureux, mais bien-toſt les éclats du tonnerre
Le vont reduire en poudre ; & ton ame aux Enfers,
Au milieu des tourmens, des flames, & des fers,
1715 Maudira mille fois, & mille la journée
De ton irréuocable & triſte deſtinée.
C'eſt vn Decret du Ciel qui ne ſçauroit changer,
Manges en attendant.

D. Juan.
Et que diable manger ?

Quels mets me ſers-tu là ?

L'Ombre.
Nous n'en auons point d'autres ;

1720 Ie ſçay tres bien qu'ils ſont fort diferẽts des voſtres ;
Mais ie te donne icy ce qu'on ſert chez les Morts.

Philipin.

Monſieur.

D. Juan.
Et bien.

Philipin.
Quelqu'vn m'appelle là dehors.

[72]   Iray-je voir qui c'eſt ?

D. Juan.

Nenny, poltron, demeure.

Philipin.

Adieu donc Philipin dans vn demy quart-d'heure.

D. Iuan.

Meurs fi tu veux; pour moy, ie ne veux pas mourir.   1725

L'Ombre.

Et qui crois-tu, mefchant, qui te pût fecourir?

Tous les Dieux ont juré ta perte inéuitable,

Tout l'Vniuers la veut, elle eft indubitable:

Dy moy? de quel cofté peux-tu tourner tes pas,

Si la Terre & le Ciel demandent ton trépas?   1730

Voy, tous les Elemens te declarent la guerre,

Tu n'as pas pour retraite vn feul pouce de terre;

C'eft icy ton *Plus outre*, & rien n'eft plus certain

Que tu ne reuerras iamais vn lendemain.

Philipin *en tombant par terre.*

Mifericorde.

L'Ombre.

Au ciel crois-tu tant d'injuftice,   1735

Qu'il voulut d'vn moment diferer ton fuplice?

Quoy! ton Pere meurtry, moy-mefme affafiné,

L'vn traiftrement furpris, & l'autre empoifonné,

Celle-cy violée, & cette autre enlevée,

L'vne perduë, & l'autre à la mort referuée,   1740

Apres ces beaux effets de ta brutalité,

Tout cela fe feroit auec impunité:

Ne le préfume pas, ô cœur que rien ne touche,

C'eft vn Arreft du Ciel prononcé par ma bouche.

D. Juan.

Anras-tu bien-toft fait? te veux-tu dépefcher?   1745

Certes! ie fuis bien las de t'entendre prefcher;

Trop ennuyeux Efprit, auffi bien qu'hypocrite,

A quoy bon entaffer redite fur redite?

Ne t'ay-je pas fait voir quels font mes fentimens?

Peufes-tu par tes vains & fots raifonnemens,   1750

1740 mort] mott; cf. 772. 1493.   1749 mes | tes.

Que Dom Jüan foit iamais capable de foibleffe?
Et qu'il fe laiffe aller à la moindre baffeffe?
Non, non, ce parler graue, & cet air, & ce ton,
[73] Ne font bons qu'à prefcher les Efprits de Pluton:
1755 Apprens, apprens, Efprit ignorant & timide,
Que le feu, le viol, le fer, le parricide,
Et tout ce dont tu m'as fi bien entretenu,
Paffe dans mon efprit commé mon aduenu;
S'il en refte, ce n'eft qu'vne idée agreable,
1760 Quiconque vit ainfi ne peut eftre blâmable,
Il fuit les fentimens de la Nature; Enfin,
Soit que ie fois ou loin, ou proche de ma fin,
Sçache que ny l'Enfer, ny le Ciel ne me touche,
Et que c'eft vn Arreft prononcé par ma bouche.

L'Ombre.

1765 C'en eft trop, execrable, & le Ciel irrité
Et ton ame expofée aux tourmens légitimes
S'en va dans les Enfers expier tous tes crimes,
Et ton corps malheureux aura pour fes Bourreaux
Et les Loups deuorans, les Chiens, & les Corbeaux.
1770 Trébuche, malheureux, dans la nuit eternelle.

*Icy l'on entend vn grand coup de tonnere, & des éclairs,
qui foudroyent D. Iüan.*

Philipin *tombant du coup de tonnerre,*
Ah! grands Dieux, ie fuis mort.

SCENE DERNIERE.
PHILEMON, MACETTE, PHILIPIN.

Philemon.
Enfilons la venelle,
Macette, dépefchons.

Macette.
Regagnons la maifon,
Quel temps prodigieux, & contre la faifon!

1765 Nach diesem fehlt ein ganzer Vers.

Philipin.

Ah! Ciel, qu'ay-je entendu? quel éclat de tonnerre
M'engloutit tout vinant au centre de la terre!   1775

Philemon.

Mais quel homme paroift tout étendu là bas?
Approchons-nous, Macette.

[74]   **Philipin.**

                    Ah! la tefte, ah! les bras.

Macette.

Ah! Ciel, que voyons nous? c'eft le Valet du traiftre.

Philipin.

Helas! ie n'ay rien fait, chers Efprits, c'eft mõ Maiftre,
Ayez pitié de moy, ie fuis panure garçon: 1780
Madame Proferpine, & vous, Monfieur Pluton,
Le panure Philipin humblement vous conjure
D'auoir pitié de luy dans cette conjoncture.

Macette.

Rappelle tes efprits, & nous dy promptement
Qu'eft denoun ton Maiftre, & fans déguifement.   1785

Philipin.

Helas! il eft au diable, & le Seigneur Dom Pierre
Qu'il auoit maffacré, non pas à coups de pierre,
Mais d'vn grãd coup d'eftoc tout au trauers du corps,
L'eft venu prendre icy, l'a mené chez les Morts;
Il l'a fait trébucher d'vn faut épouuantable,   1790
Apres l'auoir prié de manger à fa table;
Et moy qui n'ay rien fait, qui n'ay mangé, ny bû,
Le tonnerre d'vn coup auffi m'a confondu.

Macette.

La mort enfin nous rend les plus heureux du monde.

Philipin.

Moy, ie fouffre une perte à nulle autre fecondo: 1795

Que ie ſuis malheureux! ah! pauure Philipin,
Voila, voila l'effet de ton cruel deſtin:
Enfans qui maudiſſez ſouuent & Pere, & Mere,
Regardez ce que c'eſt de bien viure, & bien faire;
1800 N'imitez pas Dom Jüan, nous vous en prions tous,
Car voicy, ſans mentir, vn beau miroir pour vous.

FIN.

Pierer'sche Hofbuchdruckerei. Stephan Geibel & Co. in Altenburg.